西方韩国
研究丛书

既见半岛，也见世界

老龄化的老虎

韩国的退休困境

Korea's Retirement Predicament

The Ageing Tiger

［加］托马斯·R.克拉森

［韩］梁允祯　编

刘雪莲　译

江苏人民出版社

图书在版编目（CIP）数据

老龄化的老虎：韩国的退休困境/（加）托马斯·R.克拉森，（韩）梁允祯编；刘雪莲译.一南京：江苏人民出版社,2024.1(2024.3 重印)

（西方韩国研究丛书／刘东主编）

书名原文：Korea's Retirement Predicament：The Ageing Tiger

ISBN 978-7-214-28273-6

Ⅰ.①老… Ⅱ.①托… ②梁… ③刘… Ⅲ.①退休—劳动制度—研究—韩国 Ⅳ.①F249.312.6

中国版本图书馆 CIP 数据核字（2023）第 149616 号

书　　　　名	老龄化的老虎:韩国的退休困境	
编　　　者	［加］托马斯·R.克拉森　　［韩］梁允祯	
译　　　者	刘雪莲	
责 任 编 辑	孟　璐	
特 约 编 辑	岳思琪	
装 帧 设 计	周伟伟	
责 任 监 制	王　娟	
出 版 发 行	江苏人民出版社	
地　　　址	南京市湖南路 1 号 A 楼,邮编:210009	
照　　　排	江苏凤凰制版有限公司	
印　　　刷	南京爱德印刷有限公司	
开　　　本	890 毫米×1240 毫米　1/32	
印　　　张	9.5　插页 4	
字　　　数	188 千字	
版　　　次	2024 年 1 月第 1 版	
印　　　次	2024 年 3 月第 2 次印刷	
标 准 书 号	ISBN 978-7-214-28273-6	
定　　　价	58.00 元	

（江苏人民出版社图书凡印装错误可向承印厂调换）

此书谨献给韩大龟(Dae-Gu Han)

和俞永熙(Young He Yoo)

"西方韩国研究丛书"总序

　　我对韩国研究的学术兴趣,是从数年之前开始萌生的。2019年11月初的一天,我有点意外地飞到了那里,去接受"坡州图书奖"的"特别奖",也当场发表了自己的获奖词,这就是那篇《坚守坐拥的书城》,后来也成了我一本文集的标题。而组织者又于颁奖的次日,特地为我个人安排了观光,让我有机会参观了首尔,观摩了市中心的巨大书店,观摩了韩国的历史博物馆,也观摩了光化门和青瓦台。我还在那尊"大将军雕像"下边——后文中还会提起这位将军——抖擞起精神留了一个影,而此后自己的微信头像,都一直采用着这幅照片。

　　当然,只这么"走马观花"了一遭,肯定还留有很多"看不懂"的。不过,既然生性就是要"做学问"的,或者说,生性就是既爱"学"又好"问",从此就在心头记挂着这些问题,甚至于,即使不能马上都给弄明白,或者说,正因为不能一下子都弄明白,反而就更时不时地加以琢磨,还越琢磨就越觉出它们的重要——比如,简直用不着让头脑高速运转,甚至于闭着眼睛也能想到,它向自己提出了下述各组问题:

· 韩国受到了儒家文化的哪些影响,这在它的发展过程中起到过什么作用? 而它又是如何在这样的路径依赖下,成功地实现了自己的现代化转型?

· 作为曾经的殖民地,韩国又受到了日本的哪些影响? 而它又是如何保持了强烈的民族认同,并没有被外来的奴化教育所同化?

· 尤其到了二战及其后,韩国又受到了美国的哪些影响? 而它又是如何既高涨着民间的反美情绪,又半推半就地加入了"美日韩"的同盟?

· 韩国这个曾经的"儒家文化圈"的成员,何以会在"西风东渐"的过程中,较深地接受来自西方的传教运动? 与此同时,它的反天主教运动又是如何发展的?

· 韩国在周边列强的挤压下,是如何曲折地谋求着生存与发展的? 而支撑这一点的民族主义思潮,又显现了哪些正面和负面的效应?

· 韩国在如此密集的外部压强下,是如何造成了文化上的"多元"? 而这样的文化是仍然不失自家的特色,还是只表现为芜杂而断裂的拼贴?

·韩国社会从"欠发达"一步跃上了"已发达",是如何谋求"一步登天"的高速起飞的？而这样的发展路径又有哪些可资借鉴之处？

·由此所造成的所谓"压缩性"的现代化,会给韩国的国民心理带来怎样的冲击？而这种冲击反映到社会思想的层面,又会造成什么样的特点或烙印？

·韩国在科学研究与技术创新方面,都有什么独特的经验与特长？而它在人文学术和社会科学方面,又分别显示了哪些成就与缺失？

·在这种几乎是膨胀式的发展中,韩国的社会怎样给与相应的支撑？比如它如何应对工具理性的膨胀,如何应对急剧扩张的物质欲望？

·传统与现代的不同文化因子,在韩国社会是如何寻求平衡的？而个人与现代之间的微妙关系,在那里能不能得到有效的调节？

·家庭文化在韩国的现代化进程中,起到了哪些正面和负面的作用？而父权主义和女权主义,又分别在那里有怎样的分裂表达？

·政党轮替在韩国社会是怎样进行的,何以每逢下台总要面临严酷的清算？而新闻媒体在如此对立的党争之下,又如何发挥言论自由的监督作用？

· 这样的发展模式会不会必然招致财阀的影响？而在财富如此高度集中的情况下，劳资之间的关系又会出现什么样的特点？

· 韩国的利益分配是基于怎样的体制？能否在"平等与效率"之间谋求起码的平衡，而它的社会运动又是否足以表达基本的民意？

· 韩国的西洋古典音乐是否确实发达，何以会产生那么多世界级的名家？而它的电影工业又是如何开展的，以什么成就了在世界上的一席之地？

· 韩国的产品设计是如何进行的，为什么一时间会形成风靡的"韩流"？而它的整容产业又何以如此发达，以致专门吸引出了周边的"整容之旅"？

· 韩国的足球何以会造成别国的"恐韩症"？而韩国的围棋又何以与中日鼎足为三，它们在竞技上表现出的这种拼搏的狠劲和迅捷的读图能力，有没有体质人类学上的根据？

· 韩国是否同样极度注重子女的教育，从而向现代化的高速起飞，源源地提供了优质的劳动力？而它的教育体制为了这个目的，又是如何对资源进行疏导和调配的？

· 韩国如何看待由此造成的升学压力？而它眼下举世最低的人口出生率，跟这方面的"内卷"有没有直接关联？

· 韩国如何应对严峻的老龄化问题，又如何应对日益紧迫的生态压力？而由此它在经济的"可持续发展"方面，遭遇到了怎样的挑战与障碍？

· 作为一个过去的殖民地，韩国如何在当今的世界上定位自己？而作为一个已然"发达"的国家，即使它并未主动去"脱亚入欧"，是否还自认为属于一个"亚洲国家"？

· 置身于那道"三八线"的南侧，国民心理是否会在压力下变形？而置身于东亚的"火药桶"正中，国家是否还能真正享有充分的主权？

· 最后的和最为重要的是，韩国对于它周边的那些个社会，尤其是对于日益强大的中国，到底会持有怎样的看法、采取怎样的姿态？

一方面自不待言，这仍然只是相当初步的印象，而要是再使劲地揉揉眼睛，肯定还会发现更多的、隐藏更深的问题。可另一方面也不待言，即使只是关注到了上述的问题，也不是仅仅用传统的治学方面，就足以进行描述与整理、框定与解释的了。——比如，如果只盯住以往的汉文文献，就注定会把对于韩国的研究，只简单当成了"传统汉学"的一支，而满足于像"韩国儒学史""域外汉学"那样的题目。再比如，如果只利用惯常的传统学科，那么在各自画地为牢的情况下，就简直不知要调动哪些和多少学科，才足以把握与状摹、研究与处理这些林林总总的问题了。

所幸的是，我们如今又有了一种新的科目——"地区研究"，而且它眼下还正在风行于全国。这样一来，在我们用来治学的武器库中，也就增添了一种可以照顾总体的方法，或者说，正因为它本无故步自封的家法，就反而能较为自如地随意借用，无论是去借助于传统的人文学科，还是去借助于现代的社会科学，更不要说，它还可以在"人文"与"社科"之间，去自觉地鼓励两翼互动与齐飞，以追求各学科之间的互渗与支撑，从而在整体上达到交融的效果——正如我已经在各种总序中写过的：

> 绝处逢生的是，由于一直都在提倡学术通识、科际整合，所以我写到这里反而要进一步指出，这种可以把"十八般武艺"信手拈来的、无所不用其极的治学方式，不仅算不得"地区研究"的什么短处，倒正是这种治学活动的妙处所在。事实上，在画地为牢、故步自封的当今学府里，就算是拥有了哈佛这样的宏大规模和雄厚师资，也很少能再在"地区研究"之外找到这样的中心，尽管它在一方面，由于要聚焦在某个特定的"领域"，也可以说是有其自身的限制，但在另一方面，却又为来自各个不同系科的、分别学有专攻的教授们，提供了一个既相互交流、又彼此启发的"俱乐部"。——正因为看到了它对"学科交叉"的这种促进，并高度看重由此带来的丰硕成果，我才会在以往撰写的总序中指出："也正是在这样的理解中，'地区研究'既将会属于人文学科，也将会属于社会科学，却还可能更溢出了上述学

科,此正乃这种研究方法的'题中应有之意'。"

(刘东:《地区理论与实践》总序)

正是本着这样的学科意识,我才动议把创办中的这套丛书,再次落实到江苏人民出版社这边来——这当然是因为,长达三十多年的紧密合作,已经在彼此间建立了高度的信任,并由此带来了融洽顺手的工作关系。而进一步说,这更其是因为,只有把这套"西方韩国研究丛书",合并到原本已由那边出版的"海外中国研究丛书"和"西方日本研究丛书"中,才可能进而反映出海外"东亚研究"的全貌,从而让我们对那一整块的知识领地,获得高屋建瓴的,既见树木、也见森林的总体了解。

当然,如果严格地计较起来,那么不光是所谓"东亚",乃至"东北亚"的概念,就连所谓"欧亚大陆"或者"亚欧大陆"的概念,都还是值得商榷的不可靠提法。因为在一方面,中国并非只位于"亚洲"的东部或东北部,而在另一方面,"欧洲"和"亚洲"原本也并无自然的界线,而"欧洲"的幅员要是相比起"亚洲"来,倒更像印度那样的"次大陆"或者"半岛"。可即使如此,只要能警惕其中的西方偏见与误导,那么,姑且接受这种并不可靠的分类,也暂时还能算得上一种权宜之计——毕竟长期以来,有关中国、日本、韩国的具体研究成果,在那边都是要被归类于"东亚研究"的。

无论如何,从长期的历史进程来看,中国跟日本、韩国这样的近邻,早已是命运密切相关的了。即使是相对较小的朝鲜半岛,也时常会对我们这个"泱泱大国",产生出始料未及的、具有转折性的重大影响。正因为这样,如果不是只去关注我们的"内史",而能左右环顾、兼听则明地,充分利用那两个邻国的"外史",来同传统的中文史籍进行对照,就有可能在参差错落的对映中,看出某些前所未知的裂缝和出乎意料的奥秘。陈寅恪在其《唐代政治史述论稿》的下篇,即所谓《外族盛衰之连环性及外患与内政之关系》中,就曾经发人省醒地演示过这种很有前途的路数,尽管当时所能读到的外部材料,还无法在这方面给与更多的支持。而美国汉学家石康(Kenneth M. Swope),最近又写出了一本《龙头蛇尾:明代中国与第一次东亚战争,1592—1598》,也同样演示了这种富含启发的路数。具体而言,他是拿中国所称的"万历朝鲜战争",和朝鲜所称的"壬辰倭乱"——前述那尊李舜臣的"大将军雕像",在那边正是为了纪念这次战争——对比了日本所称的"文禄庆长之役",从而大量利用了来自中文的历史记载,并且重新解释了日本的那次侵朝战争,由此便挑战了西方学界在这方面的"日本中心观",也即只是片面地以日文材料作为史料基础,并且只是以丰臣秀吉作为叙事的主角。

更不要说,再从现实的地缘格局来看,在日益变得一体化的"地球村"中,这些近邻跟我们的空间距离,肯定又是越来越紧凑、挤压了。事实上,正是从东亚地区的"雁阵起飞"中,我们反而可以历历在目地看到,无论是日本,还是"四小龙"与"四小虎",它们在不同阶段的次第起飞、乃至于中国大陆的最终起飞,在文化心理方面都有着同构关系。正如我在一篇旧作中指出的：

> 从传统资源的角度看，东亚几小龙的成功经验的确证明；尽管一个完整的儒教社会并不存在"合理性资本主义"的原生机制，但一个破碎的儒教社会却对之有着极强的再生机制和复制功能。在这方面，我们的确应该感谢东亚几小龙的示范。因为若不是它们板上钉钉地对韦伯有关中国宗教的研究结论进行了部分证伪，缺乏实验室的社会科学家们就有可能老把中国现代化的长期停滞归咎于传统。而实际上，无论从终极价值层面上作何判定，中国人因为无神论发达而导致的特有的贵生倾向以及相应的伦理原则，作为一种文化心理势能却极易被导入资本主义的河床。不仅东亚的情况是这样，东南亚的情况也同样证明，华人总是比当地人更容易发财致富。

（刘东：《中国能否走通"东亚道路"》）

——而由此便可想而知，这种在地缘上的紧邻关系和文化上的同构关系，所蕴藏的意义又远不止于"起飞阶段"；恰恰相反，在今后的历史发展中，不管从哪一个侧面或要素去观察，无论是基于亚洲与欧洲、东亚与西方的视角，还是基于传统与现代、承认与认同的视角，这些社会都还将继续显出"异中之同"来。

有意思的是，正当我撰写此篇序文之际，杭州也正在紧锣密鼓地举办着延期已久的亚运会；而且，还根本就用不着多看，最终会高居奖牌"前三甲"的，也准保是东亚的"中日韩"，要不就

是"中韩日"。——即使这种通过竞技体育的争夺,顶多只是国力之间的模拟比拼,还是让我记起了往昔的文字:

> 我经常这样来发出畅想:一方面,由于西方生活方式和意识形态的剧烈冲击,也许在当今的世界上,再没有哪一个区域,能比我们东亚更像个巨大的火药桶了;然而另一方面,又因为长期同被儒家文化所化育熏陶,在当今的世界上,你也找不出另一方热土,能如这块土地那样高速地崛起,就像改变着整个地貌的喜马拉雅造山运动一样——能和中日韩三国比试权重的另一个角落,究竟在地球的什么地方呢?只怕就连曾经长期引领世界潮流的英法德,都要让我们一马了!由此可知,我们脚下原是一个极有前途的人类文化圈,只要圈中的所有灵长类动物,都能有足够的智慧和雅量,来处理和弥合在后发现代化进程中曾经难免出现的应力与裂痕。

> (刘东:《"西方日本研究丛书"总序》)

那么,自己眼下又接着做出的,这一丁点微不足道的努力,能否算是一种真正的现实贡献呢?或者说,它能否在加强彼此认知的情况下,去增进在"中日韩"之间的相互了解,从而控制住积聚于"东亚"的危险能量,使之能不以悲剧性的结局而收场,反而成为文明上升的新的"铁三角"?我个人对此实在已不敢奢想了。而唯一敢于念及和能够坚守住的,仍然只在于自己的内心与本心,在于它那种永无止境的"求知"冲动,就像我前不久就此坦承过的：

真正最为要紧的还在于，不管怎么千头万绪、不可开交，预装在自家寸心中的那个初衷，仍是须臾都不曾被放下过，也从来都不曾被打乱过，那就是一定要"知道"、继续要"知道"、永远要"知道"、至死不渝地要"知道"！

（刘东：《无宗教而有快乐·自序》）

所以，不要去听从"便知道了又如何"的悲观嘲讽，也不要去理睬"不务正业"或"务广而荒"的刻板批评。实际上，孔子所以会对弟子们讲出"君子不器"来，原本也有个不言自明的对比前提，那就是社会上已然是"小人皆器"。既然这样，就还是继续去"升天入地"地追问吧，连"只问耕耘，不问收获"的宽解都不必了——毕竟说到最后，也只有这种尽情尽兴的追问本身，才能让我们保持人类的起码天性，也才有望再培养出经天纬地、顶天立地的通才。

刘　东

2023 年 10 月 1 日

于余杭绝尘斋

目　录

前　言

联合国最近将人口老龄化描述为"21世纪最重大的趋势之一"(联合国[United Nations],2012:3)。由于极低的生育率和较长的寿命,东亚国家将受到人口老龄化的影响较大。

从有偿工作中退休与人口老龄化密切相关。对韩国退休模式的研究是令人着迷而且必要的,它的迷人之处在于:在40年的时间里,韩国已经从一个肮脏、贫穷、饱受战争蹂躏的农业国家转变为一个经济强国;三星、LG、现代等韩国企业是全球性的强大企业;韩国科学家和专家在世界各地都很受欢迎;最近,被称为"韩流"的韩国文化出口为韩国企业家和企业打开了新的市场。这项研究的重要性在于:韩国是世界上老龄化速度最快的国家之一,通过它,我们得以一窥中国等其他国家的未来。

韩国劳动力市场的一个显著特征是:大多数有酬劳动者在年纪尚轻时即面临合同退休(通常是非自愿的),然后开始第二职业生涯,要么自主创业,要么做合同工。仅仅因为年龄而不是工作效率而被迫在 55 岁或更早退休,尤其是白领工人如此,这可能会让西方国家的读者感到吃惊。然而,对于韩国和其他东亚国家的许多人来说,这就是现实。

这本书让读者了解强迫退休的影响,以及随着人口迅速老龄化和女性劳动力的增加,现有退休安排的弊端如何变得越来越突出。本书各个章节有助于我们从决策者、雇主、家庭和个体工人(无论男女老少)的视角来理解当前的政策。

本书作者来自不同学科背景,他们一致认为当前做法必须进行改革,应该允许工人继续从事他们的主要工作,直到年龄更大一些的时候再退休。事实上,韩国的政界人士似乎也在倾听各方的声音。然而,提议的改革举措很可能是渐进式的、有争议的,而且可能不足以应对迫在眉睫的人口、社会和经济压力。

为本书供稿的专家们借鉴其他国家以及韩国国内的经验,在书中提供了令人信服的证据,表明强迫工人在预定年龄退休是一项糟糕的公共政策,缺乏经济效率。这一观点与韩国许多雇主、工会和政府官员的观点形成了鲜明对比。他们认为,为了维持韩国非凡的经济发展,强制退休政策必须基本保持不变。

这是首本涉此话题的书,鉴于目前在韩国和其他国家有很多关于退休和养老金的讨论,所以本书具有特别意义。当然,正如本书所充分证明的那样,这些争论不仅涉及退休问题,还包括福利国家的作用、代际公平、雇主和雇员之间的关系以及个人人权的作用等更大的问题。

　　撰写本书各个章节的专家们和我诚挚地希望本书能有助于韩国及其他地区制定更有效的退休政策和安排。

崔荣起(Young Ki Choi)

韩国劳动研究院前院长

韩国首尔

2013 年 1 月

参考文献

United Nations (2012) *Ageing in the Twenty-First Century: A Celebration and a Challenge* (《二十一世纪的老龄化:庆祝与挑战》), New York: United Nations Population Fund.

致　谢

　　此编著是志同道合的同事们通力合作的结晶,他们用了数年、甚至几十年时间研究特定的现象或问题。我们非常感谢来自韩国、日本、加拿大、美国的专家为本书供稿。其中一些章节的具体资料首次用英语呈现,它们所包含的观点和知识意味着读者可以接触到关于韩国退休的更丰富、更有深度和广度的发现和结论。

　　我们的研究助理埃米·李(Amy Lee)是约克大学的学生,她在翻译、更正和编排章节方面发挥了关键作用。她的高工作标准以及她承担任务时愉快和及时的工作态度使我们充分相信,在未来的岁月里,她也将会成为她所在研究领域的专家。

　　我们热诚感谢劳特利奇出版社的斯蒂芬妮·罗杰斯(Stephanie Rogers)、汉娜·麦克(Hannah Mack)和斯图尔特·皮瑟(Stewart Pether)的帮助和专业指导,以及匿名读者的评论,这些评论完善了最终的手稿。我们也要感谢奥尔文·霍金（Olwyn Hocking）出色的编辑，以及乔舒亚·帕瓦尔（Joshua Pawaar）和他的团队的排版。

　　托马斯·克拉森（Thomas Klassen）在此感谢韩国劳动研究院（Korea Labor Institute），在 2011 年夏天他作为访问研究员期间，为他提供慷慨的资金支持和智力支持来启动本项目。这本书最初就是他在韩国劳动研究院时开始酝酿的，那里的同事对于构想的实现发挥了关键作用。他还感谢约克大学国际合作种子基金，该基金支持了他在 2011 年和 2012 年筹备本书时的旅行和相关活动。梁允祯（Yunjeong Yang）感谢 2012 年韩国外国语大学研究基金的支持。

第一章｜韩国退休问题导论

托马斯·R.克拉森,柳根夏(Kun-ha Yu)①

引　言

　　退休是一项复杂的社会制度,在个人的生命周期中,它是非常重要的事件,影响到职场、劳动力市场和经济。当很多个体在较短的时期内退休,抑或劳动力市场上或公共政策上有重大变化时——正如老龄化社会所发生的那样——退休就变成了一个重要的公共政策问题(Yang and Klassen 2010)。

　　在工业化国家中,退休政策和相关的退休金方案差异很大(Lynch 2006：15 - 43)。如图 1.1 所示,每个国家都有一套独特的相关制度方案和政策,尤其是在退休年龄问题上(Cooke 2006；Fornero and Sestito 2005；Kim 2009)。然而,总体来说,延长工作年限在很多发达国家都是政府的政策目标(经济合作与发展组织[Organisation for Economic Co-operation and Development, 以下简称经合组织],2006；Taylor 2004)。延迟退休年龄对于应对人口老龄化、寿命延长、低生育率及政府为退休人员提供的养老金

---

① 柳根夏为《韩国先驱报》(*The Korea Herald*)首席社论作者,获萨塞克斯大学
　技术变革的社会影响研究方向硕士学位。

和医疗保障不足等问题,非常必要。

多数西方国家致力于延迟退休,而韩国的决策者、雇主和劳动者们却面临着非常矛盾的状况:劳动者工作年限更长,却需要提前退休。因此,韩国政府和社会各界必须对劳动力市场政策进行根本性调整,以应对人口老龄化。

在韩国以及一些东亚国家,如日本,退休政策和模式与绝大多数其他经合组织国家大为不同。在韩国,虽然往往是不情愿而为之,但对很多劳动者来说,他们需要在劳动合同中约定好,年轻时即从自己的主业上退休,继而再开启第二个职业,自己创业或给人打工——这是韩国退休政策和模式最显著的特点。几乎所有雇佣合同和工会合同中都会约定退休年龄,退休年龄因职业不同而不同:大学教授65岁,教师62岁,公务员60岁,公共领域的工作者退休年龄更低一些,金融服务领域58岁,制造业的从业者退休时间更早。①

在一些领域和公司,通过正式和非正式的机制,劳动者习惯性地被迫在合同约定退休年龄之前数年就退休,在金融服务领域,从业者50出头就退休是很普遍的现象。这是通过"荣誉退休"和"提前退休",或者把劳动者转岗到不喜欢的工作岗位上,达到使其退休的目的。鉴于寿命延长而退休金又微薄的现状,劳动者在达到雇佣合同约定的强制退休年龄之后,不得不继续打工以避免陷入贫困(Yang 2011)。大多数50多岁就退休的人

---

① 原书出版于2014年。——译者注

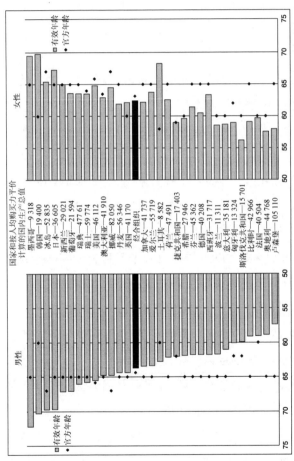

图 1.1 2004—2010 年退休年龄退出劳动力市场平均有效年龄、正常领取退休金年龄和国家按人均购买力平价计算的国内生产总值

资料来源：经合组织，更新自经合组织（2006）。

注：有效退休年龄显示的是 2004—2009 这五年期间。领取退休金年龄显示的是 2010 年的情况。国内生产总值数据是以美元计算的四年（2006—2009）平均值。国内生产总值数据来自世界银行 http: //data.worldbank.org/indicator/NY.GDP.PCAP.CD。改编目《2011 年养老金概览：经合组织和 G20 国家的退休收入制度》（Pensions at a Glance 2011: Retirement-income Systems in OECD and G20 Countries），经合组织（2011）。

在服务业找到一些不稳定、工资又低的工作，或者自己创业。很多人会利用退休金和银行贷款来开小零售商店或经营自己的饭馆或咖啡店，这样的企业入行门槛低，但是破产率高、回报低、工作时间长。就像本书第九章所述，有一些被迫退休的韩国劳动者在其他国家，例如美国或者加拿大，来开始自己的第二职业。

由于过早退休且需要以更低的工资来再就业，韩国人的工作年限是经合组织国家中最长的，平均有效退休年龄略高于 70 岁，老年劳动者的劳动市场参与率在过去 50 多年中一直居高不下。在 2005 年，65 到 69 岁的老年男性就业率达到 50%，70 岁以上的男性就业率达到 34%（韩国国家统计局［Korea National Statistical Office］，2010）。如第三章中所回顾的那样，工作年限长，很大一部分原因是法定退休年龄后的退休金收入过低。据报道，在 2010 年，55 岁及以上的韩国人中不到一半（46%）领取到了退休金，而在那些能领取到退休金的人中，85% 的人每个月领取到的钱不到 500 000 韩元（韩国国家统计局，2010）。

在韩国，虽然合同强制退休是普遍的，但是劳动者不一定接受。实际上，相对年轻的退休年龄、退休的非自愿性和对年龄的歧视，导致人们的生活满意度较低，尤其是和西方国家劳动者的生活体验相比（Shin 2007；Yang 2012）。

过去 10 年中，在韩国和它的一些邻国，尤其是日本，支持合同强制性提前退休政策的历史条件已经发生了变化。人口发展的大趋势，如快速老龄化、寿命增长、持续性的低生育率，对劳动力市场正产生着巨大的影响。同时，对经济出口竞争力至关重要的工业领域,正经历从制造业向服务业的转变。从雇主的层面来说,人力资源管理实践正在发生改变,他们仿效西方公司的做法,对基于个人绩效的制度越发重视(Kim and Briscoe 1997；Lee and Lee 2003)。工会逐渐开始把合同强制退休年龄这件事视为很多劳动者的关切(韩国国际劳动基金会[Korea International Labour Foundation],2010a；2010b)。女性劳动力参与度的提高以及其他一些因素,使得韩国职场中对个人权益的认可度提高,尤其是在性别问题上(Cho et al. 2010)。国家政策已经把国民年金计划的领取资格年龄从 60 岁提高到 65 岁,这进一步拉大了合同强制退休年龄和领取养老金资格年龄在时间上的差距。

本书的目标是研究过早退休和已经进行的或提议的相关政策改革的启示,以便使劳动者能够继续工作而不必过早退休。分析主要关注该改革的制度约束,以及强迫退休对个体的影响。鉴于对本话题的研究尚属首次,本书将采用多学科比较的方法,各个章节的作者包括经济学家、社会学家、法律学者和政治科学家。本书的作者们希望能够为研究者、决策者和其他人提供关于本话题的政治、社会、法律和经济启示。鉴于韩国和其他亚洲国家在快速老龄化背景下对退休政策的讨论,本书的编写恰逢其时。本章是对韩国法定退休问题进行相关讨论的绪论,也是本书其他章节的一个导论。

强制退休之争

在持续存在固定退休年龄的国家,关于强制退休的公共政策讨论多围绕"禁止合同强制退休对劳动力市场表现有多大程度的影响"展开。无论在韩国还是在其他国家，关于退休的讨论，其核心问题涉及四个关系：第一，年轻人失业和年长工人延长就业时间之间的关系；第二，年龄和生产力之间的关系；第三，年龄和补偿之间的关系；第四，个人利益和社会关切之间的关系。在韩国，无论是在公共领域还是私人领域，关于这四方面关系的讨论在过去几年中越来越热烈并广受关注。本书所有章节实际上都和这四个方面相关。

在韩国，公共政策方面近些年才开始持续关注退休问题。中老年工人的劳动力市场参与问题在 2006 年才得到一致关注，劳动力市场三方约定要提高这些工人的市场参与率。此前，劳动力市场政策主要关注的是经济危机、劳动关系和积极的劳动力市场举措（Yang 2010）。然而，劳动者个人和他们的家庭几十年来对提前退休都怀有疑虑，这促使一些民众移民到其他国家，该问题将在第九章进行说明。

关于失业年轻人和年长工人的问题，经济和公共政策领域的相关文献都充分认可了以下观点，即禁止强制退休总体来说并不会减少年轻人的就业机会。而固定劳动总量谬误则持对立观点：经济中的工作数量是固定的。可能该论点从常识的角度看有一定道理，但是，限制一些工人的就业机会，比如年长者或女性，将会导致总体经济活力的下降和经济中工作总量的减少。

经合组织（2006：13）声明："摈弃那些荒诞的说法非常重要，比如'减少年长者的工作，会给年轻劳动者提供更多的工作机会'，这种言论虽未经证实，但非常顽固。"经合组织（2011）最近的分析表明：年轻人和年长者的就业率在统计学意义上具有显著的正相关关系，一方增长，另一方也会增长。因此，经合组织（2011:76）得出结论："'公共政策可以在不同年龄段的工人之间重新调整固定数量的工作机会'的想法根本上是错误的。"

然而，在韩国，有一种广为接受甚至极其普遍的看法：禁止合同强制退休，甚或延迟退休年龄，将会导致年轻人失业。下一章将说明，考虑到人口发展趋势，即使这种看法正确，在快速进入老龄化社会的前提下，强制退休也不会提高年轻人的就业率。第四章将探索这种预设如何影响司法决策，其他章节将说明这种看法对公共政策的影响。

年龄和劳动生产率的关系一直是社会科学研究的话题，对任何劳动群体来说，都没有证据表明某个具体的年龄标志着工作能力开始下降。迄今为止的大量研究表明，具体的个人、职业、经济领域和工作场所都有独特的特征能够顺应更年长的工作者，必须对这一点进行检验和考虑。

1983年有研究就工作表现和老龄化之间的关系进行了里程碑式的回顾，并得出了不确定的结果。研究表明：关于该问题不能得出概括性的结论，但研究发现年长的劳动者在那些需要强体力劳动的工作中会有困难，而这样的工作比较少，并且在逐渐消失（Doering et al. 1983）。关于年龄与工作表现的元分析——对很多先前研究的发现进行总结的研究，发现二者之间的平均相关关系接近于0（Martocchio 1989；McEvoy and Cascio 1989）。

对先前研究的一项回顾性研究表明，"关于年龄和表现之间关系的最佳结论是二者的关系随着环境的变化而变化"（Farr et al. 1998：149）。

如果取消强制退休或者延迟退休年龄，那么通常是那些最奋发、高效的劳动者会选择工作更久，这本身就确保了即使年长的劳动者继续工作到较大的年纪，劳动率也不会降低。尽管如此，韩国拒绝接受科学研究发现和别国经验。雇主、工会、决策者继续认为年长的劳动者和年轻的劳动者相比效率更低，尽管国家经济在快速地从制造业经济转型为服务业经济。

年龄和劳动者报酬之间的关系在公共政策领域是最有争议的问题。韩国雇主认为年长的劳动者得到的报酬远大于他们当前对公司的价值。该观点来源于一项经济分析，该分析提出，劳动者，尤其是在实行资历工资制度职业领域的劳动者，在年轻时和职业初期报酬过低，而在他们职业生涯的后期，其所得却大于他们的经济贡献（Lazear 1979）。然而，关于延期薪酬的观点要想站得住脚，那么必须所有的劳动者在年轻的时候得到雇佣，只在头几年接受培训，在职业生涯中持续以和受雇开始时同样的方式和技术工作，就业合同和劳工合同保持不变，劳动效率始终如一。此外，雇主不能以任何方式解雇雇员，只能等他们达到合同约定的强制退休年龄（Kesselman 2005）。

虽然韩国雇主认为年长劳动者的报酬相对于他们的劳动效率而言过高，但实证证据说明情况未必如此。即使如此，除了强制退休，实际上还有别的选择来应对这个问题，比如额外培训、

退休奖励、工资补助、工资重议、最高工资计划、基于工作表现的
补偿方案等等。

　　雇主认为资历工资制度是延迟合同约定的强制退休年龄的
主要障碍。资历工资制度给所有同年入职的雇员——他们通常
同龄——每年相同的工资涨幅。同一批人也会集体得到升职，
尤其是因为劳动者不愿在比自己年轻的人手下工作。雇主认为
年长劳动者的工资大于他们对公司的贡献，强制退休是应对此
问题的唯一方法。

　　然而，"荣誉退休"这种惯例使得雇主可以在任何年龄解雇
表现不佳的劳动者，通常雇员在提前退休的时候会获得一次性
支付的工资，其数额为年工资的一到二倍（Yu and Park 2006）。
因此，雇主必须等雇员达到合同约定退休年龄这种理念是不完
全准确的。当然，"荣誉退休"也被用作一种手段来终结年长劳
动者的劳动关系，雇主也会在有限范围内使用这种手段，用来解
雇那些长期表现不佳的雇员，以示对资历工资的尊重。

　　团队的和谐（韩语中称之为"人和"）和团队合作是韩国职
场的核心特征（Kim and Briscoe 1997）。根据很多雇主和工会的
观点，这些特征的基础是资历工资制度。然而，没有合同强制退
休就无法保持团队和谐和合作这种观点毫无道理。实际上，最
近有调查研究发现，多数韩国劳动者（59%）愿意接受降薪，以便
在达到退休年龄后获得工作机会（太平洋桥梁公司［Pacific
Bridge Incorporated］，2011）。那些人中，有55%表达了愿意延长
工作4—5年的愿望，而其中37%的人愿意接受多达20%的降薪

（太平洋桥梁公司，2011）。

2010年，作为韩国两家最大劳工联盟之一的韩国总工会（Federation of Korean Trade Union）建议延长合同约定退休年龄到60岁。韩国总工会此建议的依据是可以通过延迟退休解决人口老龄化的问题，为年长的劳动者提供经济保障（韩国国际劳工组织[Korea International Labour Foundation]，2010a；2010b）。2012年，韩国总工会再次呼吁，从短期来说，把60岁作为法定退休年龄，并建议从中长期来说，取消强制退休（Jung 2012）。

职工工会表达出不愿改变退休现状的意愿，因为他们身处代际矛盾的中心。更年轻的工会会员一般支持强制退休，认为这样可以为他们在公司中的发展创造机会。年长的劳动者，正如上文所讨论的那样，希望合同强制退休能够被废除，或者至少延迟退休年龄。正如一位工会官员所说的那样："老人和年轻人之间的紧张关系代表着一种特殊的挑战。"（个人访谈，首尔，2011年7月13日）实际上，学术研究"表明工会可能在默许"强制退休的惯例（Cho and Kim 2005：298）。

然而，雇主坚决反对通过法律来延迟退休年龄。韩国经营者协会的立场是延退会产生大量年长而低效的劳动者，在退休前都无法解雇他们（Lee 2012）。雇主们提议"他们应该能够在更灵活的劳动力市场上用更高效、自主的方式来管理劳动者"（Lee 2012：23）。

截至目前，政府一直不情愿而且也不能改革退休年龄立法。在2012年4月提出的最近的方针是允许50岁及以上的雇员申请缩短工作时间,目标是提供一种渐进退休的制度(韩国国际劳工组织,2012)。然而,鉴于很多劳动者不愿意离职,他们似乎不可能接受该提议,并且这么做必须得到雇主允许。

同年同月提出的另一个从长远变化来说更重要的提案是在立法和政策中改变措辞。目前,在多数立法中,"老年人"(elderly)指的是55岁及以上的人,而那些50—54岁的人被称为"半老年人"(semi-elderly)。提案建议把50—65岁的人统称为"高龄者"(aged)。此外,那些65岁及以上的人即使正在工作或者愿意工作,也要称他们为"高龄者",而不是"老年人"(韩国国际劳工组织,2012)。

劳动者个人,尤其那些年长的劳动者,不愿挑战职场现有管理体制,害怕被人批评自私。正如金融服务业一家大公司的经理所言,"我公司的多数同事想工作更久(到55岁以后),但是他们不能说出自己的心声"(个人访谈,首尔,2007年4月2日)。而因为立法和法庭裁决中宣称强制退休为合法,劳动者个体或者群体对于寻求变革的非正式但非常有力的保留意见得到加强,该问题将在第四章进行讨论。

最后,个人权益和社会关切之间的关系对于韩国强制退休问题的讨论非常关键,而且可能会变得越来越重要。尽管在过去几十年中,社会和劳动力市场都发生了很多变化,以强制退休形式存在的年龄歧视却仍然存在。在韩国,没有法律禁止设定退休年龄,退休也不被看作年龄歧视(Shim 2010)。韩国是经合组织国家中唯一没有对法定退休最低年龄作出立法约定的国家，这让雇主可以随心所欲设定退休年龄，没有下限。

基于年龄的差别对待深植于韩国职场，尤其是在涉及解雇或退休问题时（Chang 2003）。例如，一些韩国法律把55岁以上的人归类为"高龄者"，而50—54岁的称为"准高龄者"，然而，事实是这些年龄段的人总体来说还和更年轻的人一样健康（Hong and Lee 2011）。国家统计局和其他部门把"老年"定义为55岁及以上，因此，在韩国，就像在其他深受儒家文化影响的国家一样，长者在家庭中受敬重，但在职场不受欢迎。

有迹象表明，在韩国，年龄歧视正成为一个广受社会关注的问题，这在一个快速步入老龄化社会的国家中并不令人意外。国家人权委员会（National Human Rights Commission）成立于2001年，目前已经裁定了很多强制退休的案例，在针对不同劳动者设立不同退休年龄的问题上，确立了任何组织都要对其行为作出合理解释的原则。虽然该委员会的裁决多以建议的形式作出，但这些裁决已经对公共部门的雇主们产生了一些影响。例如，因为该委员会的裁决，政府已经取消了低职称劳动者57岁退休、高职称劳动者60岁退休的差别，取而代之的是把退休年龄统一为60岁（个人访谈，首尔，2011年7月21日）。

自2005年以来，随着反歧视运动的发展，雇主们给予了性别歧视更多的关注，这使得职场女性的地位有所改善（Cho et al. 2010）。对年龄歧视的关注尚不及对性别歧视的关注，但未来可能会有改变。2008年韩国的《就业年龄歧视法》（Age Discrimination in Employment Act）禁止基于年龄来作出雇佣决定。它的通过标志着人们认识到,在职场,基于年龄对人区别对待是一种歧视。如果基于年龄进行聘用的行为非法,那么基于年龄让雇员退休的行为也应该是违法的。

韩国的例外主义

相比较来说,在强制退休问题上,韩国构成了一个非常特殊的案例。在很多西方国家,合同约定强制退休已经废除,领取退休金的法定年龄也提高到 67—70 岁,这些无论对韩国的政策,还是对劳动力市场利益相关方的观点似乎都没有什么影响。其他国家禁止强制退休一般是因为人口发展和劳动力市场的变化,韩国也正开始经历这些,此外,还因为公众的反歧视意识越来越强,他们认识到强制退休是一种歧视。

韩国的决策者、雇主和职工工会认为在强制退休问题上,韩国代表一种特殊的案例,其他国家的情况并不适用于韩国。本书的多数作者并不认同这一观点。他们认为韩国的人口发展趋势和西方国家并无不同,事实上,在有些方面,韩国的人口老龄化更快,而韩国的劳动力市场和产业结构都同西方国家越来越相似。虽然韩国的福利落后于其他经合组织国家,但是对照 10 年前或 20 年前,已经今非昔比,这就不禁让人疑惑为何强制退休依然在韩国根深蒂固。

后面的章节会简要提及西方国家和日本的经历,有一些国家是韩国的主要贸易伙伴。第七、八和十章分析了其他国家的经历并找出和韩国的相似之处。参考其他国家，我们可以看到，在美国，1978 年的联邦立法就禁止合同约定 70 岁前强制退休。1986 年，强制退休彻底废除，大学教授除外，这个群体的强制退休废除是在 1994 年。美国的经验表明强制退休的废除既不会对职场，也不会对经济造成功能障碍。实际上，研究人员提出，美国在退休决定上的灵活性使其能够持续利用年长劳动者的生产性努力，从而能够更好地应对经济和社会挑战（Gillin and Klassen 1995）。

在澳大利亚，20 世纪 90 年代，强制退休的废除和把年龄纳入反歧视立法对澳大利亚的生产率、失业率和其他社会或经济条件并未产生有害影响。回顾行业出版物也可以发现，没有任何证据表明禁止强制退休有什么问题，这既没有增加成本，也没有产生过度的负面影响。反之，对强制退休的废除已被接受，成为营商的应有之义。

在加拿大，合同强制退休主要在过去 5 年间废除，和其他国家一样，一开始的时候并不是所有的雇主都支持这么做，工会总体对其持反对态度。然而，一旦强制退休废止，就不再有任何反对或者问题（Gillin et al. 2005）。同样，正如其他国家，资历工资制度，比如大学里的工资制度，继续存在。

强制退休在美国是在 2011 年 4 月废除的。在这之前，从 2006 年到 2011 年之间，65 岁是强制退休年龄。在 2006 年前，雇主可以决定强制退休年龄，多数在 60—65 岁之间。正如在其他已经取消了固定退休年龄的国家一样，一些劳动者群体继续面对强制退休,例如在公共安全职业领域。只要证明此举客观、正当,那么雇主可以确定一个固定的退休日期,但是在私营部门,雇主很少这么做。

当然,很多西方国家拥有相关的传统和法制文化:给予公民很多个人权益,包括那些年长的劳动者。因此,如果关于就业的某个决定是基于个人的一个特征,如年龄,而这个特征和职场表现没有任何关系,这就会被视为很有问题,尽管这种做法直到最近的立法改革前都是被允许的。在这些国家,职场上的机会平等被视为是神圣的,同时,不允许基于任何特征进行歧视,如性别、家庭背景、年龄,这些是公民和立法者的核心价值观。这使得废除强制退休不那么困难,或者,至少比在韩国要容易一些。然而,正如第八章所展示的那样,作为一个社团主义文化在某些方面和韩国相似的国家,德国通过在雇主和有组织的劳工之间达成一致意见而延迟了退休年龄。

日本的劳动力市场和韩国相似:快速老龄化的人口、资历工资制、相对年轻的合同约定强制退休年龄。和韩国一样,日本的公司一直采用非正式的方法来说服或者迫使劳动者在未达到雇佣合同约定的年龄时即退休。并且,和韩国一样,日本的雇主和文化范式都不喜欢年轻的劳动者去管理年长的劳动者(Lincoln and Nakata 1997)。

二战前,日本施行的是55岁强制退休,那时候的预期寿命较短(Martin 1982:33)。实际上,这种做法在日本比在韩国更为普遍,存在时间也更长,而韩国直到20世纪60年代还没有什么工业。在日本,20世纪70年代后的20余年间,决策者试图把强制退休年龄延迟到60岁,但收效甚微。最终,在20世纪90年代,公众压力和政治压力使退休年龄延迟到60岁并将其制度化。一些领域也曾尝试把退休年龄提高到65岁,但遭到雇主断然拒绝。在日本,过去20年间,60岁是法定退休年龄。鉴于在退休政策和实践上,日本和韩国之间存在一定的相似之处,第七章将探讨日本的退休问题。

在过去30年间,韩国的劳动力市场发生了彻底的改变,包括提高女性在劳动力市场的参与率。与这个变化相伴而生的是经济活动的更大转变,如服务业的兴起、新技术的运用。韩国的人口结构也发生了巨大的变化,包括生命周期的改变、更长的寿命、低生育率,以及快速老龄化的人口。经历了这些非凡的变化,合同约定退休年龄仍然基本保持未变。无论是旁观者还是劳动力市场的参与者——雇主、工会、政府——大家都认为这不能,也不应该继续下去,改革势在必行。然而,改革的本质和速度仍在讨论中,关键团体也未在改革策略上达成一致(经济和社会发展委员会[Economic and Social Development Commission],2011)。

学术文献和他国经验为韩国指出了两条可能的道路:第一条是在特定经济领域的具体经济和劳动条件驱动下,对大公司的合同约定强制退休政策和资历工资制度进行渐进性改革。这实际上是当前的政策方向,得到专家和观察家的推荐,尤其是韩国的专家和观察家(见Chang 2011;Phang 2011)。例如,在2012

年年中,政府起草了指导原则,以帮助那些65岁及以上还在工作的劳动者有资格获得失业救济金。现有政策把65岁及以上的劳动者排除在失业救济金领取资格之外,即使他们已经缴纳了失业保险。给年长的劳动者提供和更年轻的劳动者相同的保护和救济,是一种渐进的手段,某种程度上和日本所采用的策略相似。

第二条道路是对合同强制退休进行立法改革,提高合同强制退休年龄,用长期计划去废除现有政策,同时用立法手段来限制资历工资制度。该方法假定了劳工组织和雇主不会达成满意的一致意见。强制退休制度的快速废除将遏制低附加值小型服务业并刺激其他方面的劳动力市场改革,从而促进生产率的增长,尤其是在人口快速老龄化的背景下。该方法同时认为现有的安排造成了不必要的冲突——比如在年轻和年长的劳动者之间的冲突——并妨碍了劳动力市场依据老龄化人口的需求进行调整。可以说,这条路不尽如人意,至少在初始阶段对私营部门来说是这样。然而,其他国家的经验和经济理论证据都表明这个方法可能比渐进的改革风险更低。

一些韩国专家和劳工组织已经开始呼吁马上提高合同约定强制退休年龄(Choi 2009;Lee, K. H. 2010;Suh 2011)。经合组织数年来一直竭力建议废除韩国的强制退休制度(经合组织,2008)。具体说来,关于韩国,经合组织建议:

确立公司可以设置强制退休的最低年龄,然后逐步提高年龄起点，这会给公司施加压力，促使其对工资进行调整，以便适应劳动者老龄化所带来的生产率变化。最终目标是废除公司设定强制退休年龄的权利。这在其他经合组织国家已经实践过。

（经合组织，2012：11）

其他专家建议在更高的退休年龄条件下对资历工资制度做出各种调整（Phang 2011）。

当前发展

2012 年，韩国主要政党推进了对现有合同约定退休制度的立法改革，目的是在 12 月的总统大选中拉拢人心。在 2012 年 4 月的国会选举中，他们发誓要改写《雇佣上禁止年龄歧视及高龄者雇佣促进法》（Act on Prohibition of Age Discrimination in Employment and Aged Employment Promotion），提出强制退休年龄为 60 岁。当前的法律建议雇主把最低退休年龄设定在 60 岁，但几乎没人遵循这个指南去执行（见第四章）。根据就业部在 2010 年进行的一项调查，在 300 人及以上规模的公司中，平均的规定退休年龄为 57.4 岁。该调查还发现，这些公司的雇员实际上平均退休年龄为 53.2 岁，这意味着一些工人不到 50 岁就被迫离开公司。

随着总统大选的临近，政党重申其诺言，承诺要提高最低退休年龄到 60 岁。执政的新国家党主席在 7 月 31 日声称该党将致力于修正法律,从公共部门和大公司开始,并进一步声明说其党派将促进立法改革,把退休年龄逐渐提高到 60 岁以上。他说新国家党未来将把强制退休年龄提高到 65 岁,在 2020 年最终达到 70 岁。该党派声称将技术工人保留在劳动力市场上将促进经济增长,为那些身体健康、愿意奋斗的老年公民提供工作机会,减轻公共退休基金的压力,以此来证明他们计划的合理性。

促使政党做出改革的一个因素是保证公务员和在政府以外工作的人员在退休年龄上的公平。2013 年,公务员退休年龄统一到 60 岁。这是 2008 年作出的决定,政府决定提高低职位政府工作人员的退休年龄,从 2009 年开始,每两年调整一次,到 2013 年,把退休年龄从 57 岁逐步提高到高职位政府官员的退休年龄,即 60 岁。

执政党还认为在推进退休改革的同时,还应该在更大范围内实行工资封顶制度,以此来减轻公司的经济负担,为年轻一代创造更多就业机会。该党派补充说,他们将考虑引进一种制度,比如德国现行的制度:当雇员达到一定年龄后,他们的工作时长缩短,工资减少,而工资的缩减会通过退休金收入的增长来弥补。

紧跟执政党的声明,主要在野党民主党也公布了一项法案,要求而不是建议雇主把最低退休年龄设置为 60 岁。该法案如果在 2013 年通过,将要求提高最低退休年龄,同时,私营企业员工的退休金领取资格年龄也将提高。退休金领取资格年龄将在

2013 年提高到 61 岁，之后每五年提高一岁，直至 2033 年提高到
65 岁（见第三章）。

各政党对立法改革的推动遭遇了政府和雇主的反对。针对
他们的立法计划，政府警告说草率延迟退休年龄将对年轻人的
就业和公司的资产负债产生负面影响。结果，在 2012 年年中的
时候，政策有小幅调整，例如允许自由职业者领取就业保险福
利。此外，政府声明将酌情考虑各种可能来把退休年龄提高到
60 岁。

在 2012 年年末的总统大选期间，两位主要候选人都呼吁对
退休年龄进行改革。中偏右派的新世界党候选人朴槿惠（Park
Geun-hye）承诺逐步将退休年龄提高到 60 岁，同时引进工资递
减制。中偏左派发誓支持对强制退休年龄作出重大改革，使其
达到 60 岁以上。然而，意料之中，两位候选人对于该改革的具
体日程和细节却含糊其辞。

一旦新总统朴槿惠就职，她所提出的任何改革举措都将遭
遇来自政府内外的强烈阻挠，甚至敌意。雇主们继续重申他们
对立法计划的忧虑，提出将退休年龄提高到 60 岁变为法律规定
将对公司的资产负债造成压力，而且会造成老一代和年轻一代
在工作机会上的冲突。他们认为把法定退休年龄设为 60 岁将
进一步使公司不愿招聘新人，因为法律对在职工人的过度监管
保护会让公司非常难以解雇掉那些表现不佳的员工，他们声称
年长雇员的工作机会不应该通过监管手段来获取。

他们认为更好的方法是创造一个帮助劳资双方合力为年长

雇员创造工作机会的环境。雇主要求政府在劳动力市场的灵活性上付出更多努力,为公司向基于生产效率的薪酬体系转变提供支持。

尽管雇主总体来说反对提高退休年龄,然而,在大公司萌发了一个新趋势,他们主动改革退休制度,使年长雇员可以工作更久。其中一个例子便是 Homeplus 公司,韩国第二大折扣连锁,是英国乐购和韩国三星集团的合资企业。该零售商在 2011 年 12 月宣布将把该企业的 21 000 名员工的退休年龄从先前的 55 岁提高到 60 岁,从 2012 年开始,比较引人瞩目的是该公司延迟了退休年龄,但并未引入工资封顶制度。

GS 加德士(GS Caltex Co.),韩国第二大石油公司,也和它的工会在 2011 年 5 月达成了协议,把退休年龄提高了两岁,从 58 岁提高到 60 岁,从 2012 年 1 月开始实行工资封顶制度。公司同意将 59 岁和 60 岁员工的底薪设置为其 58 岁时工资的 80%。浦项钢铁(POSCO)作为世界第三大钢铁制造商,在这些公司之前就提高了退休年龄,从 2011 年 1 月开始引进工资递减制,把退休年龄从 56 岁提高到 58 岁。此外,该公司还通过再就业的方式进一步延长员工的工作年限,使其在退休后还可以继续工作两年。

最近有更多的例子,包括现代重工(Hyundai Heavy Industries)和大宇造船海洋株式会社(Daewoo Shipbuilding and Marine Engineering. Labour)。这两家顶尖造船厂的劳资双方在 2012 年 7 月把退休年龄从 58 岁调整到 60 岁,但方式稍有不同。在现代重工,延退只适用于那些想继续工作的人。在延退的第一年,工人能得到的工资是其前一年工资的60%到90%,在第二年则是50%到80%。在大宇造船海洋株式会社,员工可以延长工作年限两年,公司同意在延退的第一年不减薪,在第二年薪资减少20%。

这些例子和政党在立法上的改革激励很多工会对公司施加更大压力来争取更长的工作年限。例如,现代汽车(Hyundai Motor)和那些金融公司的工会组织把延迟退休年龄作为他们2012年劳资谈判的一个主要诉求。在将来,更多的工会组织将会介入延退事宜,尽管工会不想改变资历工资制度。

更重要的是,在2012年12月,首尔运输工人工会威胁要组织罢工,唯一要求是把合同强制退休年龄从58岁提高到60岁。在雇主拒绝他们的要求后,多数工会会员投票赞成罢工。该事件揭示了退休年龄政策和实践不仅在劳资谈判中,而且在更广泛的职场关系中成为核心问题。

韩国多数传媒组织都认同国家需要提高退休年龄的观点,鉴于2017年人口快速老龄化已经导致适龄劳动人口下降。实际上,关于人口老龄化影响的报道几乎是纸媒和视频媒体每天的关注点。不出所料,不管报纸的意识形态立场如何,关于需要提高合同退休年龄的观点被多数报纸反复提及。最近,媒体更频繁要求政府采取实际行动来解决这个问题。

但是,一些保守的报纸声称,如果不先确立基于生产率的灵活薪酬制度,任何试图延长退休年龄的尝试最终都将对国民经济和公司造成严重的破坏,因为这将不仅提高公司的劳动成本,而且会使劳动力调整无法完成,进而进一步破坏他们的国际竞争力。在这方面,他们谴责政治党派最新的立法计划为"平民主义"策略,目的仅仅是在总统大选中赢得更多选票。

支持立法改革的传媒机构也担忧年长劳动者延迟退休可能会减少年轻人的工作机会,因此,他们呼吁政府采取措施,避免年老一代和年轻一代之间的摩擦,他们还指出了对这个国家刻板的资历工资制度和现行的公司退休实践进行并行改革的必要性。

韩国的传媒机构,无论是自由的还是保守的,都持有相同的观念,即延迟退休会减少年轻劳动者的工作机会。这种观点被经合组织视作一个谜。他们几乎不怎么理会固定劳动总量谬误抑或经合组织最近的研究发现——两种观点本章都有所讨论——二者都说明年轻劳动者和年长劳动者的就业率是相辅相成的。媒体为了证明他们的忧虑合情合理,即代际之间在工作问题上存在摩擦,他们经常引用国有企业的例子:国有企业提高了退休年龄,结果新入职的年轻劳动者减少。对于那些上市公司来说,他们的劳动力规模受到政府严格控制,年长劳动者的增加会导致年轻劳动者减少。但是经合组织的发现告诉我们,从国民经济整体来看,年长者工作并不会减少年轻劳动者的工作。

多数韩国媒体支持年长者工作年限更久一些,这令人感到鼓舞,要是他们能够用最新的研究发现和其他国家的实例来支持自己的观点,那就更好了。尽管如此,媒体对该问题的支持性基调有助于新总统和政治党派推动立法改革。

对退休问题重新立法是这场改革最容易的部分,挑战在于改革的实施。如果强制退休年龄定在 60 岁,公司会遵照执行吗？还是改革只是止步于纸面？正如第十章所讲,日本已经把强制退休年龄设定在 65 岁,但是对于那些不遵照执行该政策的公司几乎没有什么惩罚措施。在韩国,改革的具体性质还有改革的执行非常关键,尤其是工会只代表了 12% 的劳动者。

许多大公司白领对于立法改变强制退休年龄是否能够使职场行为产生重大变化持怀疑态度。他们认为公司会继续采用现行的非正式做法,包括"荣誉退休"和把年长雇员边缘化等手段,迫使那些被视为表现欠佳的年长雇员在达到规定的退休年龄之前就辞职。换言之,雇员们认为改革并不会阻止公司解雇员工,只要雇主觉得合适,雇员在任何年龄都可以被解雇。

这种观点并非口说无凭,因为在一些领域,一些雇员被迫在 40 多岁就离职,而这种现象并非个例。这样的做法非常普遍,工人们甚至发明了一个词叫作"四五退",意思是 45 岁是事实上的退休年龄。事实如此,很难想象公司在规章制度缺位的情况下,怎么会摒弃旧的做法,遵守延迟退休的规定,让员工再多工作 15 年直到 60 岁。

人们对是否能有效实施提议的退休改革措施持怀疑态度,而政治党派运用政治逻辑来推进改革更加剧了人们的怀疑。不可否认,政治党派推进改革的主要动机是赢得年长劳动者的选票。而值得注意的是,总统大选主要候选人在竞选中都避免谈及退休年龄政策,尽管大众普遍支持改革,但是企业、劳动者和政府官员之间并未达成共识。

退休年龄的提高和最终废除都不可能自然发生,社会各方要相互妥协。私益方,尤其是雇主,会一直青睐合同约定强制退休,因为这样做对公司有利,而代价由国家和个人来承担。在本书的绝大多数作者看来,以韩国社会的根本利益为重采取行动,是韩国立法者和政府义不容辞的责任。实际上,几乎所有的作者,或直白或隐晦,利用他们各自的专业知识,得出了共同结论,即韩国的合同约定强制退休年龄必须提高。

本书章节

本书从比较视角和跨学科视角研究了韩国的合同约定强制退休问题,无论是英语还是韩语,本书都是该研究话题的第一本学术著作。该书向读者介绍了对韩国乃至东亚国家的未来都很重要的话题,同时在政策上给出了一些建议。接下来的章节可以分成三部分。第二章和第三章介绍了了解韩国发展的关键背景信息——人口和公共政策。第四、五、六和七章研究了合同约定强制退休在韩国的动态发展,分别聚焦其法律、性别和职业维度。第八和九章从比较视角对比了韩国和其他国家,并描述了一些韩国劳动者如何利用其他国家的政策来应对早退休的问题。第十章指出了韩国和日本可以互相借鉴的经验。

在第二章,加齐·穆贾希德(Ghazy Mujahid),联合国前人口专家,概述了韩国和东亚正在经历的人口快速老龄化产生的原因和一些重要启示。他解释说,同邻国中国和日本以及其他东亚国家相比,韩国的人口老龄化模式独一无二。这一章为接下来的章节作了人口统计背景介绍,同时指出,像步入老龄化社会的韩国一样,当很多人在相对较短的时间内退休,退休就成为一个重要的公共政策问题。

第三章由延世大学的梁在振(Jae-jin Yang)撰写,对第二章进行了补充,介绍了韩国福利国家的主要特点,重点是收入保障政策和计划。这一章追溯了韩国福利制度如何发展到不再从有偿就业中赚取收入,同时还分析了退休金政策在过去 20 年间如何发展变化,以及这些变化对韩国劳动者退休机会的影响。

第四章探讨了韩国强制退休的法律基础。来自建国大学的赵龙晚(Yongman Cho)研究了深植于韩国职场的基于年龄区别对待的现象,尤其是在决定解雇和退休的问题上。他研究了支持强制退休的法律,追溯了法庭和行政裁判所如何裁决对强制退休的挑战。本章最后分析了现有立法在多大程度上能改变强制退休的现实。

韩国女性和退休问题是第五章的主要内容,本章作者是韩国外国语大学的梁允祯和梨花女子大学的郑顺芝(Soondool Chung)。关于韩国或者东亚退休问题的现有文献主要关注的是男性,而女性的退休问题却几乎被忽略掉。本章运用质性研究方法,对退休女性进行访谈,主要关注三个问题:第一,从有偿工作中退休是否导致工作中断? 第二,女性从职场退休是否意味着女性回归家庭,相夫教子? 第三,女性什么时候可以完全退休,不必从事有偿和无偿劳动?

　　在第六章,来自首尔韩国劳动研究院的朴明骏(Myung Joon Park)分析了在 20 世纪 90 年代末期,工会在政府计划中的作用。彼时政府计划引进雇主养老金计划,用来取代普遍采用的退休金计划,创设了几家三方机构(由公司、工人和政府三方构成)来发展这种新的退休金计划。这一章分析了社团主义给韩国工人运动带来的机遇,以及两大工人组织所采用的策略。朴明骏总结:虽然工会能够影响新退休金计划的一些因素,但是他们的影响是有限的,尤其是当新的退休金计划在独立职场实施时。

　　韩国劳动研究院的房河男(Hanam Phang)在第七章研究了退休金政策和退休实践的关系。他的结论是合同约定强制退休同低退休金以及老年人的贫困紧密相关,他呼吁对退休和退休金政策进行修正,延迟改革会导致非常严重的负面结果。

　　来自东京御茶水女子大学的平冈公一(Koichi Hiraoka)在第八章表明日本劳动力市场在很多方面和韩国相似,尤其是在员工退休问题上。这一章回顾了日本决策者在回应和塑造退休形式问题上所作的努力。此章还研究了日本退休金制度改革对退休形式的影响。

　　第九章作者为来自加拿大约克大学的金安(Ann H. Kim),研究了韩国退休政策和实践对加拿大移民的影响。具体来说,本章研究了 40 多岁的韩国人,在被迫退休、领取一次性退休金后,如何以商务移民身份移民到加拿大。此章接下来分析了先前几代工作适龄移民在加拿大退休后的经历,并把他们的经历和最近到达加拿大的韩国人相比较。此章戏剧性地揭示了韩国的退休政策对个人和国家所产生的深远影响。

在最后一章,来自美国安德森大学的肥后裕辉(Masa Higo)和托马斯·R.克拉森,思考了禁止强制退休以及韩国和日本正在进行的退休金和年龄歧视政策改变,对劳动力市场和职场所产生的更长期的影响。这一章最后研究了日本在人口老龄化和合同约定强制退休低龄化的形势下,如何应对退休挑战的经验。他们的经验或许能为韩国提供重要的政策方面的启示,同时,韩国的经验也可以影响日本的政策。

参考文献

Chang, J. (2003) 'Labor Market Policies in the Era of Population Ageing: the Korean Case'(《人口老龄化时代的劳动力市场政策:以韩国为例》), paper presented at Korea Labor Institute's Labor Market Policies in an Ageing Era: Country Cases (老龄化时代的劳动力市场政策:国别案例), Seoul, October 23.

—— (2011) *Population Ageing and the Retirement-age System* [in Korean](《人口老龄化和退休年龄制度》[韩文]), working paper. Seoul: Korea Labor Institute.

Cho, J. and Kim, S. (2005) 'On using Mandatory Retirement to reduce Workforce in Korea'(《论运用强制退休来减少韩国的劳动力》), *International Economic Journal* (《国际经济杂志》), 19(2)：283 – 303.

Cho, J., Kwon, T. and Ahn, J. (2010)'Half Success, Half Failure in Korean Affirmative Action：An Empirical Evaluation on Corporate Progress'(《韩国平权行动的一半成功、一半失败：企业进步实证评价》), *Women's Studies International Forum* (《妇女研究国际论坛》), 33：264 – 273.

Choi, J. (2009) 'The Ageing Labour Force and the Retraining of Workers in the Republic of Korea'(《韩国劳动力老龄化和工人再培训》), in R. Maclean and D. Wilson (eds.) *International Handbook of Education for the Changing World of Work* (《变化中的劳动世界国际教育手册》), Dordrecht：Springer. 2457 – 2467.

Cooke, M. (2006)'Policy Changes and the Labor Force Participation of Older Workers：Evidence from Six Countries'(《政策变化与老年劳动力参与：来自六个国家的证据》), *Canadian Journal on Ageing* (《加拿大老龄杂志》),25(4)：387 – 400.

Doering, M., Rhodes, S. and Schuster, M. (1983) *The Ageing Worker：Research and Recommendations* (《老龄劳动者：研究与建议》), Beverly Hills：Sage.

Economic and Social Development Commission (2011) *Tripartite Agreement to Encourage Employment for the Baby-boom Generation* [in Korean](《促进婴儿潮一代就业的三方协议》[韩文]), Seoul：Economic and Social Development Commission.

Farr, J. L., Tesluk, P. E. and Klein, S. R. (1998)'Organizational

Structure of the Workplace and the Older Worker'(《工作场所的组织结构和年长的劳动者》), in K. W. Shaie and C. Schooler (eds.) *Impact of Work on Older Adults* (《工作对老年人的影响》), New York：Springer. 143 – 185.

Fornero, E. and Sestito, P. (eds.) (2005) *Pension Systems：Beyond Mandatory Retirement* (《养老金制度：超越强制退休》), Cheltenham：Edward Elgar.

Gillin, C. T. and Klassen, T. R. (1995) 'Age Discrimination and Mandatory Retirement Policies：A Comparison of Labor Market Regulation in Canada and the United States'(《年龄歧视与强制退休政策：加拿大和美国劳动力市场监管比较》), *Journal of Ageing and Social Policy* (《老龄化与社会政策杂志》), 7(1)：85 – 102.

Gillin, C. T. , MacGregor, D. and Klassen, T. R. (eds.) (2005) *Time's Up：Mandatory Retirement in Canada* (《时间到了：加拿大的强制退休》), Toronto：James Lorimer.

Hong, J. and Lee, K. (2011) 'The Ageing Work force in Korea' (《韩国劳动力的老龄化》), *International Archives of Occupational and Environmental Health* (《国际职业与环境健康档案》). Online. Available HTTP：<http://www. springerlink. com. ezproxy. library. yorku. ca/content/7852851758020361/fulltext. pdf>.

Jung, M. -j. (2012) 'Extension of Retirement Age, a Solution for Korean Society, which has already become an Ageing Society' (《已经成为老龄化社会的韩国社会的对策——延长退休年龄》), *Korea Labor Review* (《韩国劳动报告》), 8(42)：20 – 21.

Kesselman, J. (2005) 'Challenging the Economic Assumptions'(《挑战韩国经济假设》), in C. T Gillin, D. MacGregor and T. R. Klassen (eds.) *Time's Up*: *Mandatory Retirement in Canada* (《时间到了:加拿大的强制退休》), Toronto: James Lorimer. 161-189.

Kim, J. (2009) 'Early retirement in the Three Types of Welfare States'(《三种福利国家的提前退休》), *Research on Ageing* (《老龄化研究》), 31(5): 520-548.

Kim, S. and Briscoe, D. R. (1997) 'Globalization and a new Human Resource Policy in Korea: Transformation to a Performance based HRM' (《全球化与韩国人力资源新政策:向绩效型人力资源管理的转变》), *Employee Relations* (《雇佣关系》), 19(4): 298-308.

Korea International Labour Foundation (2010a) 'FKTU intensifies moves to legislate the Extension of Retirement Age to 60'(《韩国总工会加紧推进延长退休年龄至 60 岁的立法》), *Labor Today* (《今日劳动》), 733.

—(2010b) 'Retirement Extension under Deliberation in time of Low-fertility and Ageing Society'(《低生育率和老龄化社会时代的审议中的延迟退休》), *Labor Today* (《今日劳动》), 699.

—(2012) 'The Korean Government actively promotes Elderly Employment'(《韩国政府积极促进老年人就业》), *Labor Today* (《今日劳动》), 823.

Korea National Statistical Office (2010) *Supplementary Results of the Economically Active Population Survey for the Young and Old Population in May* 2010 [press release](《2010 年 5 月青年和老年人口中经济活跃人

口统计调查补充结果》[新闻稿]），Seoul：Korea National Statistical Office. Online. Available HTTP：< http://www. kostat. go. kr/portal/english/news/1/2/index. board？bmode = read&aSeq = 71839>

Lazear, E. P. (1979)'Why is there Mandatory Retirement？'（《为何存在强制退休？》），*Journal of Political Economy*（《政治经济杂志》），87(6)：1261 – 1284.

Lee, C. (2010)'Labor Force Participation of Older Males in Korea：1955 – 2005'（《1955—2005 年韩国老年男性的劳动力参与率》），in T. Ito and A. K. Rose (eds.) *The Economic Consequences of Demographic Change in East Asia*（《东亚人口变化的经济后果》），Chicago：University of Chicago Press. 281 – 317.

Lee, K. H. (2010) 'A Critical Legal Study of the Feasibility of Mandatory Retirement Legislation'[in Korean]（《强制退休立法可行性的法律批判研究》[韩文]），*Journal of Labour Law*（《劳动法杂志》），35(12)：393 – 443.

Lee, S. C. (2012)'Rethinking Extended Retirement Age'（《对延迟退休年龄的再思考》），*Korea Labor Review*（《韩国劳动报告》），8(42)：22 – 23.

Lee, W. -D. and Lee, B. -H. (2003)'Korean Industrial Relations in the Era of Globalisation'（《全球化时代的韩国劳资关系》），*Journal of Industrial Relations*（《劳资关系杂志》），45(4)：505 – 520.

Lincoln, J. R. and Nakata, Y. (1997)'The Transformation of the Japanese Employment System：Nature, Depth and Origins'（《日本用人制度变革的性质、深度与根源》），*Work and Occupations*（《劳动和职业》），

24(1)：33－55.

Lynch, J. (2006) *Age in the Welfare State：The Origins of Social Spending on Pensioners* (《福利国家的年龄：养老金领取者的社会支出来源》)，*Workers and Children* (《劳动者与儿童》)，New York：Cambridge University Press.

McEvoy, G. and Cascio, W. F. (1989) 'Cumulative Evidence of the Relationship between Employee Age and Job Performance' (《员工年龄与工作绩效关系的累积证据》)，*Journal of Applied Psychology* (《应用心理学杂志》)，74(1)：11－17.

Martin, L. G. (1982) 'Japanese Response to an Ageing Labor Force' (《日本对劳动力老龄化的应对》)，*Population Research and Policy Review* (《人口研究与政策评论》)，1(1)：19－41.

Martocchio, J. J. (1989) 'Age-related Differences in Employee Absenteeism：A Metaanalysis' (《员工缺勤的年龄差异：一项元分析》)，*Psychology and Ageing* (《心理与老龄化》)，4：409－414.

Organisation for Economic Co-operation and Development (2006) *Ageing and Employment Policies* (《老龄化与就业政策》)，Paris：OECD.

—— (2008) *OECD Economic Survey of Korea* (《经合组织韩国经济调查》)，Paris：OECD.

—— (2011) *Pensions at a Glance 2011：Retirement-income Systems in OECD and G20 Countries* (《2011 年养老金概览：经合组织和 G20 国家的退休收入制度》)，Paris：OECD.

—— (2012) *OECD Economic Surveys：Korea Overview* (《经合组织经济调查：韩国概览》)，Paris：OECD.

Pacific Bridge Incorporated（2011）'Korean Workers willing to work under Salary Peak System'（《韩国工人愿意在工资高峰制下工作》），*Asian HR eNewsletter*（《亚洲人力资源简报》），11（6）. Online. Available HTTP：< http://www. pacificbridge. com/asianews. asp？id = 508 >（accessed 11 August 2011）.

Phang, H.（2011）'Issues and Challenges facing Population Ageing in Korea：Productivity, Economic Growth, and Old-age Income Security'（《韩国人口老龄化面临的问题和挑战：生产力、经济增长和老年人收入保障》），*Journal of Comparative Social Welfare*（《比较社会福利杂志》），27（1）：51 – 62.

Shim, J. （2010）'UK Age Discrimination Law and Korean Age Discrimination Law'［in Korean］（《英国〈年龄歧视法〉与韩国〈年龄歧视法〉》［韩文］），*Journal of Labour Law*（《劳动法杂志》），35（9）：95 – 134.

Shin, H. -G.（2007）'Retirement Satisfaction and Life Satisfaction of Retirees'（《退休人员的退休满意度与生活满意度》），*Monthly Labor Review*（《劳动评论月刊》），Online. Available HTTP：< http://www. kli. re. kr/kli/html_eng/08_mail/ webzineboard/upfi le/e_66. pdf>.

Suh, D. E.（2011）'Full Employment of most Precious Resources'（《充分利用最宝贵的资源》），Online. Available HTTP：< http://www. koreaherald. com/business/Detail. jsp？newsMLId = 20110628000753 >（accessed 29 June 2011）.

Taylor, P.（2004）'Age and Work：International Perspectives'（《年龄和劳动：国际视角》），*Social Policy and Society*（《社会政策与社会》），

3(2): 163 – 170.

Yang, J. -J. (2010) 'Korean Social Concertation at the Crossroads: Consolidation or Deterioration?' (《十字路口的韩国社会团结:巩固还是恶化?》), *Asian Survey* (《亚洲调查》), 50(3): 449 – 473.

Yang, J. -J. and Klassen, T. R. (eds.) (2010) *Retirement, Work and Pensions in Ageing Korea* (《老龄化韩国的退休、工作和养老金》), Abingdon: Routledge.

Yang, Y. (2011) 'No Way Out but Working? Income Dynamics of Young Retirees in Korea' (《除了工作别无他法? 韩国年轻退休人员的收入动态》), *Ageing and Society* (《老龄化与社会》), 31: 265 – 287.

—— (2012) 'Is Adjustment to Retirement an Individual Responsibility? Socio-contextual Conditions and Options available to Retired Persons: The Korean Perspective' (《适应退休是个人责任吗? 退休人员的社会背景条件和选择:韩国视角》), *Ageing and Society* (《老龄化与社会》), 32(2): 177 – 195.

Yu, G. -C. and Park, J. -S. (2006) 'The Effect of downsizing on the Financial Performance and Employee Productivity of Korean firms' (《韩国企业的裁员对财务业绩和员工生产力的影响》), *International Journal of Manpower* (《国际人力杂志》), 27(3): 230 – 250.

第二章｜韩国和东亚的人口变化

加齐·穆贾希德①

引　言

　　韩国、中国、日本、蒙古和朝鲜构成了东亚次区域。香港和澳门作为中国的特别行政区,具有独特的经济结构和人口发展趋势,在多数社会经济研究中,通常也被视为独立的实体。

　　从人口统计学来说,东亚在世界总人口中占比非常大,2010年时占世界人口的22.5%。②在人口老龄化的语境中,东亚更是占据了重要份额,占世界老龄人口即 60 岁及以上人口的28.4%。2002 年于马德里举行的第二届老龄问题世界大会(World Assembly on Ageing)上,与会的所有国家一致同意将 60岁界定为"老年"。该定义是为了给国际比较提供一个参照年龄。然而,每个国家都可以自由决定强制退休的年龄和领取福利

---

① 本章作者在欧洲、中东、非洲和亚洲人口与发展领域有 30 余年的工作经验,并在联合国国际劳工组织和联合国人口基金会工作 20 余年。

② 除非专门说明,本章中所有引用数据均来自联合国经济和社会事务部(United Nations Department of Economic and Social Affairs, UNDESA)《世界人口老龄化:2011 年修订本》(World Population Ageing: the 2011 Revision,2012)和《世界人口展望:2010 年修订本》(World Population Prospects: the 2010 revision, 2011),纽约联合国经济和社会事务部出版。

（如医疗保险、社会保险和老年人折扣）的年龄。高度工业化的发达国家通常把65岁及以上的人界定为老年人，同时有越来越多的国家把66、67或68岁作为领取全额公共退休金的资格年龄。

目前，按照老年人在人口中的所占比例，日本是世界上老龄化最严重的国家，日本的该比例超过30%。中国的老龄化人口最多，超过1.65亿。尽管韩国人口比日本和中国的人口都少得多，但它是东亚地区老龄化程度排第二位的国家，60岁及以上的人口占总人口比例为16%，当前的老龄化程度仅次于日本。不论如何，韩国将在本世纪的首个25年之内步入快速老龄化的时代。到2025年，老年人在韩国人口中的比例预计将达到27.2%，韩日之间60岁及以上人口占总人口的比例差将从11.2个百分点降到8.3个百分点。韩国将成为除日本以外唯一一个在2000年到2025年之间老年人口持续增长，而儿童人口（15岁以下）和劳动人口（15—59岁）持续下降的东亚国家。

本章将勾勒出这些逐渐呈现的人口发展趋势对劳动力市场政策、退休条例和社会保障条款的影响，分为四个部分。第一部分阐明老龄化的人口统计数据：人口年龄结构的变化，以及解释了这一变化的生育率和预期寿命的趋势。第二部分讨论人口老龄化对人口发展的影响，2000年成为人口老龄化发展速度的分水岭，韩国2000年后的老龄化趋势史无前例。第三部分描述了老龄化人口快速增长带来的人口发展特征，强调了老龄化程度愈来愈严重，并且女性在老龄化人口中占主导地位，这给劳动力市场和社会保护政策相关问题提供了新的维度。最后一部分总结了人口发展可预

见且不可逆转的趋势对劳动力市场、退休和社会保护政策的启示，
将韩国的情况与其他东亚国家作比较，可以发现其异同。

韩国的人口老龄化

图 2.1 展示了韩国人口自 1950 年以来的年龄结构变化以及
2050 年前人口年龄结构变化预测。①人口分为三个年龄段：儿童
（0—14 岁）、劳动年龄成人（15—59 岁）、老年人（60 岁及以上）。②

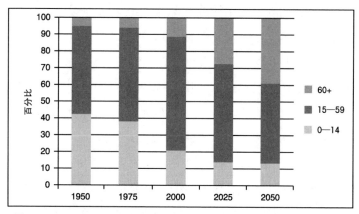

图 2.1　1950—2050 年韩国人口年龄结构

资料来源：联合国经济和社会事务部（2011）。

---

① 本章的分析主要基于 2000 年的数据（不是引言中引用的 2011 年数据），因为
　 本章的主要目的是比较世纪之交前后的趋势。
② "劳动年龄"人口通常被定义为 15—64 岁这个年龄段的人口，但此处我们采
　 用的是 15—59 岁，原因有二：(1) 60 岁以上的人群被视为老年人；(2) 退出
　 劳动力市场的平均有效年龄，以及正常领取养老金年龄是 60 岁。

　　20 世纪下半叶人口结构出现明显的老年人群增长的趋势,然而,儿童人口(0—14 岁)所占比例从 1950 年的 42.5%下降到 2000 年的 21.1%,老年人(60 岁及以上)的比例在同一时期从 5.2%增长到 11.2%,劳动年龄成人(15—59 岁)的比例从 52.3%增长到 67.8%。据预测,这些趋势将持续下去,到 2050 年,儿童人口将只占韩国总人口的 13.1%,劳动年龄人口的比例预计将显著降低,下降 20 个百分点到 47.9%。最重大的变化预计发生在 60 岁及以上人群,其占人口的比例将从 2000 年的 11.2%增长到 2050 年的 38.9%。

　　韩国人口老龄化的情况和其他东亚国家和地区的对比情况见表 2.1。

表 2.1　1950—2050 年东亚的人口老龄化

单位%

	60 岁及以上人口在总人口中所占比例				
	1950	1975	2000	2025	2050
东亚	7.4	7.5	11.4	21.5	34.4
中国内地	7.5	7.2	10.2	20.2	33.9
朝鲜	3.9	3.4	11.3	15.9	23.2
中国香港	3.8	8.4	14.8	30.3	37.4
日本	7.7	11.7	23.3	35.5	41.5
韩国	5.2	5.6	11.2	27.2	38.9
中国澳门	4.5	10.1	9.3	22.4	38.1
蒙古	7.1	7.4	5.7	10.0	20.5

资料来源:联合国经济和社会事务部(2011)。

　　1950 年，韩国的老龄化人口所占比例远远低于东亚的平均值，也低于中国内地、日本和蒙古。自那时起，韩国的老龄化人口比例不断增长，超过了东亚的平均值，仅低于日本和中国香港。到 2050 年，据预测，老年人占韩国人口的比例将超过东亚地区的平均值，仅低于日本。韩日之间老龄人口比例差将从 11.2 个百分点缩小为 2050 年的 3 个百分点。很显然，老年人在韩国人口中所占比例增幅预计大于其他东亚国家和地区。

　　表 2.2 显示的是生育率从 1950 年的 5.1 降低到当前的 1.4，远远低于生育更替水平值 2.1。尽管人们期待 2050 年时生育下降的趋势能有所逆转，生育率能上升，但据估计，生育率将保持在生育更替水平以下。儿童人口的下降由生育率下降造成，妇女生育孩子越来越少。

表 2.2　1950—2050 年韩国的生育率和寿命

	总生育率	新生儿预期寿命	
		男性	女性
1950—1955	5.1	46.0	49.9
1975—1980	2.9	60.9	69.2
2010—2015	1.4	77.3	84.0
2025—2030	1.6	79.1	85.0
2045—2050	1.8	81.4	87.8

资料来源：联合国经济和社会事务部（2012）。

　　出生人口寿命自 1950 年以来已经显著性提高，男性提高了 31 岁，女性提高了 34 岁。据预测，寿命还将继续提高，但提高的幅度不会那么大，因为韩国人的寿命水平已经达到了显著的高度。寿命更长意味着更多的人会活到老年，老年人口的比例也就增加了。如表2.3所示，老年人存活率的提高将增加更多的老年人口。

韩国将会有越来越多的婴儿预计能活到60到80岁，如表2.4所示，当老人到了60到80岁，继续生存的平均年数预计也会增加。

能够活到老年的儿童比例在增长，老年人更长寿，这解释了为何人们预测2050年时老年人口会增长。

表2.3 2010—2050年韩国老年人存活率

出生年份	新生儿预期寿命达到60岁的百分比		
	全部	男性	女性
2010—2015	92.3	89.4	95.4
2025—2030	93.8	91.3	96.4
2045—2050	95.2	93.3	97.3

资料来源：联合国经济和社会事务部（2012）。

表2.4 2010—2050年韩国60岁老人预期寿命

出生年份	60岁老人预期继续生存平均年数		
	全部	男性	女性
2010—2015	23.7	21.0	26.0
2025—2030	24.9	22.3	27.4
2045—2050	26.6	24.0	29.1

资料来源：联合国经济和社会事务部（2012）。

　　自 1950 年来，整个东亚的所有国家和地区都经历了人口出生率的显著下降，表 2.5 显示出每个东亚国家和地区的既往出生率和预期生育率。

表 2.5　1950—2050 年东亚生育趋势

	生育率：15—49 岁育龄女性平均生育数				
	1950—1955	1975—1980	2010—2015	2025—2030	2045—2050
东亚	5.6	2.8	1.6	1.6	1.8
中国内地	6.1	2.1	1.6	1.6	1.8
朝鲜	2.7	2.6	2.0	1.9	1.9
中国香港	4.4	1.4	1.2	1.5	1.8
日本	3.0	1.8	1.4	1.6	1.8
韩国	5.1	2.9	1.4	1.6	1.8
中国澳门	4.3	2.3	1.1	1.5	1.8
蒙古	5.6	6.7	2.4	2.3	2.2

资料来源：联合国经济和社会事务部（2012）。

　　自 1950 年以来，韩国的生育率已经降低了 3.7，降幅仅次于中国内地，中国内地的生育率降低了 4.5。除了朝鲜和蒙古，其他所有国家和地区的生育率在经历了过去几十年的历史最低水平后预期都会有所反弹，但是预计都将低于生育更替水平。生育率下降的同时，死亡率也有显著下降，这反映了所有东亚国家和地区自 1950 年以来寿命都有所提高。

　　正如表 2.6 所示，新生儿预期寿命的提高在韩国最为明显——几乎达到 33 年。东亚的人口预期寿命已经达到显著的高水平，其中四个国家和地区超过 80 岁，其余三个超过 70 岁。尽管所有的国家和地区的预期寿命据估计都会提高，但是提高幅度将比上个世纪要小得多。

在韩国，到 2050 年，新生儿预期生存到 60 岁的比例将增长到 95.2%，60 岁的生存率将比日本、中国香港和中国澳门稍低。平均来说，更高比例的儿童预期可以生存到 60 岁，在达到 60 岁后，他们寿命会更长。表 2.7 总结了东亚国家和地区 60 岁人群预期继续生存的年数。

目前，韩国达到 60 岁的人预期会再活 23.7 年，到 2050 年，该数值将达到 26.6。

表 2.6　1950—2050 年东亚新生儿预期寿命

	新生儿平均预期寿命				
	1950—1955	1975—1980	2010—2015	2025—2030	2045—2050
东亚	46.4	67.2	75.1	77.5	80.8
中国内地	44.6	66.3	73.8	76.4	79.1
朝鲜	50.0	66.7	69.1	71.8	75.5
中国香港	63.2	74.2	83.0	85.0	87.2
日本	62.2	75.3	83.7	85.4	87.4
韩国	47.9	64.9	80.7	82.4	84.5
中国澳门	61.0	72.5	81.3	83.1	85.4
蒙古	43.5	57.2	68.8	72.6	76.5

资料来源：联合国经济和社会事务部（2012）。

表 2.7　2010—2050 年东亚国家和地区 60 岁老年人预期寿命

	60 岁老年人预期继续生存平均年数		
	2010—2015	2025—2030	2045—2050
东亚	20.5	21.9	23.3
中国内地	19.3	20.9	22.6
朝鲜	16.5	17.5	18.4
中国香港	25.3	26.7	28.7
日本	26.2	27.6	29.2
韩国	23.7	24.9	26.6
中国澳门	23.5	25.0	26.9
蒙古	18.0	19.4	21.1

资料来源：联合国经济和社会事务部（2012）。

老龄化对人口的影响

随着人口老龄化，一个国家的人口年龄结构会转变为偏向老年群体。变化的幅度和速度会影响到劳动力市场、退休和社会保护政策。人口结构变化的规模和速度可以用五个指标来衡量：年龄中位数、老龄化指数、抚养比、潜在支持比和父母支持比。

年龄中位数

年龄中位数把人口分成两半，一半在年龄中位数以下，另一半在年龄中位数以上。随着人口老龄化的发展，年龄中位数通常会增长，图 2.2 展示了既往和预期的年龄中位数发展趋势。

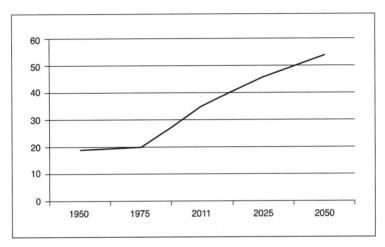

图 2.2 1950—2050 年韩国年龄中位数

资料来源：联合国经济和社会事务部（2012）。

1950 年，韩国的年龄中位数是 19 岁，1975 年接近 20 岁，当前的年龄中位数估计是 35 岁，到 2025 年，年龄中位数预计将提升到 45 岁，到 2050 年将超过 53 岁。年龄中位数的增长显示了劳动力老龄化，这对劳动力市场有广泛的影响，其中包括需要重新讨论退休和退休金相关政策事宜。

老龄化指数

老龄化指数体现出人口不断改变的年龄结构，它是指老年人口数与 15 岁以下人口数的比值，显示了老年人口和儿童人口的平衡变化，可揭示人口结构变化的方向和速度。图 2.3 展示了 1950—2000 年的老龄化指数及对未来 50 年的预测。

在韩国，1950 年，12 个老年人对应 100 个儿童，这一比率到

1975年增长为15, 2000年达到54。目前, 该指数几乎达到了100, 据预测未来两年将超过100。韩国历史上老年人口将首次超过儿童人口, 老龄化指数预计在2025年超过190, 在2050年达到295。2050年, 韩国的老龄人口将是儿童人口的3倍。老龄化指数的变化表明, 政府要对不同年龄群体作出政策优先调整, 韩国政府不可避免地需要更多关注老年人口问题。

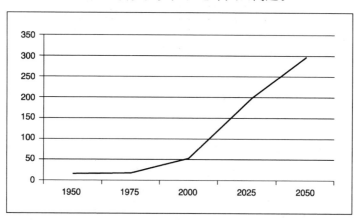

图2.3　1950—2050年韩国老龄化指数

资料来源：联合国经济和社会事务部（2011）。

抚养比

抚养比是反映劳动人口赡养老年人负担大小的关键指数。总抚养比的计算方法是儿童（0—14岁）人数和65岁及以上老年人人数同15—64岁人口的比率。这一比率的基本假设是所有15岁以下的儿童及65岁及以上的老人可能需要依赖劳动人口来抚养。鉴于并非所有这两个年龄段的人口都需要抚养, 同时 15—64 岁这个年龄段的人也不一定都有工作或者有抚养责任,抚养比充其量只能提供对劳动力人口实际抚养负担的粗略估算。总体来说,抚养比是个很有用的指数,体现了抚养需求及其随着人口老龄化发生的相应变化。图 2.4 显示了韩国既往和预测的抚养比变化趋势。

　　20 世纪下半叶,韩国的抚养比从 0.83 降到 0.39,主要原因是儿童抚养比从 1950 年的 0.78 降低到 2000 年的 0.29。在这期间,老年人的抚养比有 0.05 的小幅提升。到 2050 年,因为韩国人口的快速老龄化,那时情况将截然不同。儿童抚养比将低于 2000年,而老年人抚养比将提高到 0.61,总抚养比将提高到 0.85。虽然这个比率和 1950 年相比几乎相同,但是在构成上不一样,当时劳动人口的主要负担是儿童,而到 2050 年时,主要负担是老人。

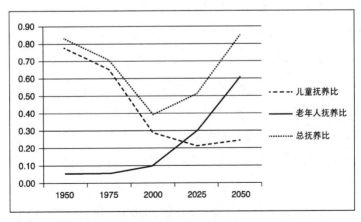

图 2.4　1950—2050 年韩国抚养比变化趋势

资料来源:联合国经济和社会事务部(2011)。

潜在支持比

作为支持基础的群体最有可能从事经济生产，从而可以支持老年人口，潜在支持比就是直接监测这一支持基础群体的变化的指标。它和老年人抚养比正好相反，定义为 15—64 岁的人口对 65 岁及以上人口的比率。虽然老人的定义节点是 60 岁，但是，为了计算潜在支持比，我们把 60—64 岁这一年龄段归类为劳动年龄人口，因为这一年龄段的很大一部分人口仍然还在工作。一些 65 岁及以上的人仍然继续自食其力，并不依靠他人。同时，并不是所有 15—64 岁年龄段的人都是经济活跃人口，尤其是那些年龄小、仍然在求学的年轻人。然而，潜在支持比下降反映了经济活跃人口支持老年人口的能力在下降。表 2.8 展示了韩国同其他东亚国家和地区既往潜在支持比下降的情况，同时预测未来下降的幅度可能更大。

在 20 世纪下半叶，韩国的潜在支持比几乎下降一半，从 19.1 下降到 9.8，降幅虽然低于中国香港、日本和中国澳门，但高于东亚的平均值。在世纪之交，韩国的潜在支持比高于朝鲜和蒙古以外的所有国家和地区。在未来 40 年里，据估计韩国的潜在支持比将会有更大降幅，超过东亚平均值。从 2000 年到 2025 年，该比值在韩国将降低 6.4 个百分点，为东亚地区降幅最大。据估计，该比值将持续下降，到 2050 年将跌至 1.6，是东亚第二低，略微高于日本的 1.4。每位 65 岁及以上老人对应的是 1.6 个劳动人口，韩国将注定面对老龄人口经济支持基础前所未有的快速下降局面。

表 2.8　1950—2050 年东亚地区潜在支持比

	15—64 岁年龄段人口/60 岁以上老年人口				
	1950	1975	2000	2025	2050
东亚	13.5	11.9	8.6	4.5	2.3
中国内地	13.6	12.3	9.6	5.0	2.4
朝鲜	18.4	38.0	9.9	6.6	3.8
中国香港	26.0	12.1	6.5	3.0	1.8
日本	12.1	8.6	4.0	2.0	1.4
韩国	19.1	16.8	9.8	3.4	1.6
中国澳门	23.0	8.6	9.7	4.6	1.9
蒙古	16.0	9.8	16.2	11.4	4.5

资料来源：联合国经济和社会事务部（2012）。

父母支持比

　　父母支持比的定义是每 100 人里 85 岁及以上人群对 50—64 岁人群的人数比率。该比率把 85 岁及以上年龄段的人和他们的假设后代联系起来，所谓假设后代，是指在这些高龄老人二三十岁的时候出生的那些人。该比率用来衡量家庭赡养高龄老人的需求，因为分子中包含的人不一定与分母中包含的人有血缘关系，父母支持比把最高龄的人口（85 岁及以上人口）和他们的"假设后代"联系起来。尽管该比率并不是对子女赡养高龄父母情况的精准测量，但该比率的上升能够反映出在日渐萎缩的

家庭中赡养高龄父母的压力越来越大。表 2.9 总结了这一比率
的既往变化并预测了未来的变化趋势。

在世纪之交,韩国的父母支持比是 2.9,比东亚的平均值低,
比朝鲜和蒙古以外的所有其他国家和地区都低。到 2025 年,这
一比率将提高到 8.9,超过了东亚的平均值,低于中国香港和日
本。预计到 2050 年,韩国的父母支持比将增长到 34.5,超过东
亚平均值的 2 倍。前所未有的快速增长意味着,在 2000 年,
50—64 岁的韩国人中,只有 3% 有"父母"(即 85 岁及以上的老
人),而到 2050 年,这个年龄段超过三分之一的韩国人将不得不
承担起赡养老人的责任。对于日益增长的压力造成的经济和社
会影响,人们必须给予关注。

表 2.9　1950—2050 年东亚的父母抚养率

	每百人中 85 岁及以上的老人和 50—64 岁人口的比率				
	1950	1975	2000	2025	2050
东亚	0.9	1.4	3.8	5.8	16.5
中国内地	0.8	1.2	3.2	3.9	13.8
朝鲜	1.8	1.0	1.2	3.0	6.7
中国香港	1.6	0.8	5.4	11.6	40.2
日本	1.1	2.6	8.0	28.1	52.4
韩国	1.3	1.4	2.9	8.9	34.5
中国澳门	neg	neg	4.3	3.7	22.4
蒙古	1.0	2.3	2.5	2.3	6.9

资料来源:联合国经济和社会事务部(2012)。

注:neg＝小于 0.1。

老龄人口的特征

正如上文所述,东亚地区快速步入老龄化,预计韩国老龄化的速度比东亚其他国家和地区都更快。因此,随着老龄化人口的增长,韩国能提供的经济和照顾支持将越来越小。除了老人的占比和数量的总体增长,世界上多数国家还观察到老年人口不断增加的两个明显特征,就是"高龄化"和"女性化"。这部分将讨论老龄人口的高龄化和女性化特征,以及这两个特征在经济和照顾方面对老年人需求的影响。

老龄人口的高龄化是指高龄老人占比越来越高,高龄老人指的是 80 岁及以上的人群,而初老者指的是 60 岁及以上的人群。高龄化伴随着人口老龄化,虽然有时候二者有一定的时间间隔(Mujahid 2006)。图 2.5 描绘了 2050 年前东亚国家和地区老龄人口高龄化发展过程。

东亚国家和地区老龄人口中高龄老人的比例在 2000 年的时候是 11%,预计到 2025 年将增长到 13%,除了中国澳门和蒙古,其他所有司法管辖区高龄老人的占比都将有所增长,这是因为老龄人口和高龄人口的增长存在时间差。随着预期寿命的提高,初老者(60—79 岁)逐渐步入高龄老人的行列。2025 年后,预计高龄老人的占比在世界上所有国家都会有所增长,平均来说,东亚地区会增长更多,预计达到 24%。在韩国,2000 年的时候,高龄老人只占老年人口的 9%,即 10 位老人中有一位高龄老人，而等到 2050 年，该比例将达到 31%，那时，三位老人中就会有一位高龄老人。2000 年，韩国高龄老人的比例比朝鲜以外所有东亚国家和地区都低，到 2050 年，该比例将仅仅低于日本和中国香港，而高于其他四个国家和地区。

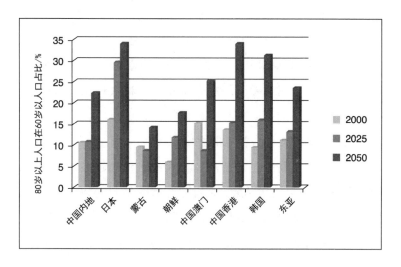

图 2.5　2000—2050 年东亚老龄人口的高龄化

　　在世界上几乎所有国家中，妇女构成了老年人口的一半以上，人口老龄化中的女性化几乎是一个普遍现象。例外的情况较罕见，例如不丹，在这个国家 60 岁及以上的老龄人口中，男性多于女性。然而，在高龄老人中（80 岁及以上），女性多于男性。

　　如表 2.10 所示，在东亚，女性占老年和高龄人口的一半以上，女性在 80 岁及以上高龄老人中的占比一直高于其在 60 岁及以上老人中的占比。女性在东亚老年人口中的平均占比预计会提高,主要是因为中国内地老龄人口的增长,中国内地占东亚老龄人口的 75%。虽然女性占比预计到 2050 年会下降,但在东亚所有国家和地区仍然保持 50% 以上的比例。此外,女性在 80 及以上高龄老人中的占比一直高于在 60 到 80 岁这个年龄段中的占比。

老年人口的高龄化和女性化现象可以归因于寿命发展趋势和性别差异。表 2.7 显示了 60 岁以后寿命增长的情况。寿命延长的影响见 2.11,该表主要说明了 80 岁及以上年龄段的生存率。在所有国家,新生儿生存到 80 岁的百分比预计都将增长,东亚的平均值将从 46.4% 提高到 59.6%。在韩国,相应的比例将从 62.1% 增长到 73.0%。

表 2.10　2000—2050 年东亚女性在老年人和高龄老年人中的占比

单位:%

	2000		2025		2050	
	60+	80+	60+	80+	60+	80+
东亚	52.7	63.0	52.5	60.7	53.2	59.4
中国内地	51.4	61.0	51.7	58.8	52.8	58.6
朝鲜	63.5	83.7	58.9	78.3	59.2	74.8
中国香港	52.5	63.5	55.2	59.2	58.9	65.1
日本	56.4	67.5	56.1	63.7	55.4	61.7
韩国	58.8	71.8	54.9	65.6	55.3	62.5
中国澳门	57.5	66.7	52.2	50.0	54.9	65.0
蒙古	54.7	69.2	57.4	62.1	57.8	69.5

资料来源:联合国经济和社会事务部(2011)。

表 2.11　2010—2050 年东亚 80 岁生存率

单位:%

	新生儿预期生存到 80 岁的比例		
	2010—2015	2025—2030	2045—2050
东亚	46.4	52.7	59.6
中国内地	42.0	49.6	57.4
朝鲜	29.2	34.4	44.1
中国香港	67.2	72.3	77.7
日本	69.7	74.2	78.9
韩国	62.1	67.2	73.0
中国澳门	63.9	78.3	83.6
蒙古	32.3	40.0	49.4

资料来源:联合国经济和社会事务部(2012)。

　　此外，预期寿命达到 80 岁的儿童中会有较大比例的人生存更久，表 2.12 展示了东亚 80 岁老人预期寿命的增长状况。

表 2.12　2010—2050 年东亚国家和地区 80 岁人群预期寿命

	80 岁人群预期继续生存平均年数		
	2010—2015	2025—2030	2045—2050
东亚	7.9	8.6	9.2
中国内地	6.9	7.6	8.6
朝鲜	5.8	6.2	7.1
中国香港	10.4	11.2	12.4
日本	10.9	11.7	12.7
韩国	9.0	9.6	10.6
中国澳门	8.5	9.1	10.4
蒙古	6.9	7.3	8.1

资料来源:联合国经济和社会事务部(2012)。

　　一个 60 岁的人平均预计还能再活 7.9 年。随着卫生设施和卫生标准的进一步改善，预计到 2050 年平均继续生存年数将增加到 9.2 年。到 2050 年，韩国 80 岁人口的预期寿命将增加 1.3 年。

　　老年群体中女性人数超过男性的原因是女性的寿命更长，换言之，女性长寿的比例更高。表 2.13 展示了 60 岁和 80 岁生存率上存在的性别差异。

　　女性的 60 岁和 80 岁生存率都更高，此外，在 80 岁生存率上，性别差异更大，这进一步阐明所有国家和地区的高龄人口中女性的比例要高于初老人口中女性的比例，这一点在表 2.14 中也有所体现，60 岁女性预期寿命比男性长 5 年。

　　老年人口的高龄化和女性化都提高了老年人对照顾和经济支持的需求，随着年龄的增长，一个人获得报酬丰厚工作的机会降低，继而对社会保障、转移支付和家庭支持的依赖性增强。多数情况下，即使那些能按时领取退休金的人也会在日益变老的时候发现生存越来越困难。退休金不能一直和生活费用指数同步调整，因此，退休金的真正价值有所降低。

　　不管是在韩国还是其他国家和地区，随着年龄的增长，失能和长期患病的可能性都会增加，文献清晰记载，老年女性失能的几率随着年龄的增长而增大（Kim 2011）。老年人中的高龄者比例越来越高，这增加了为其提供支持和照护的机构的负担。

表2.13　2010—2050年东亚国家和地区生存率性别差异

	60岁生存率						80岁生存率					
	2010—2015		2025—2030		2045—2050		2010—2015		2025—2030		2045—2050	
	男性	女性	男性	女性	男性	女性	男性	女性	男性	女性	男性	女性
东亚	85.0	89.5	87.9	92.0	90.8	94.1	39.1	54.4	45.3	60.6	52.5	67.0
中国内地	84.5	88.8	87.6	91.4	90.5	93.7	35.7	49.1	42.9	56.9	50.8	64.5
朝鲜	77.9	84.4	82.2	88.4	87.6	92.0	16.9	40.9	21.1	48.1	29.2	59.0
中国香港	92.6	96.7	93.9	97.3	95.0	98.0	58.0	77.2	63.0	80.9	69.0	85.1
日本	91.6	95.9	93.1	96.8	94.6	97.7	59.6	79.9	64.8	83.7	70.6	87.4
韩国	89.4	95.4	91.3	96.4	93.3	97.3	50.5	73.4	56.6	77.8	63.5	82.8
中国澳门	92.3	96.4	93.7	97.2	95.2	98.1	56.4	73.4	62.0	78.3	68.7	83.6
蒙古	68.5	83.4	76.0	88.3	84.0	91.8	23.6	41.8	29.1	51.0	37.6	60.6

资料来源：联合国经济和社会事务部（2012）。

表 2.14　2010—2050 年东亚老年人预期寿命性别差异

	60 岁的预期继续生存年数						80 岁的预期继续生存年数					
	2010—2015		2025—2030		2045—2050		2010—2015		2025—2030		2045—2050	
	男性	女性	男性	女性	男性	女性	男性	女性	男性	女性	男性	女性
东亚	16.8	22.3	20.1	23.7	21.6	25.1	6.9	8.6	7.6	9.4	8.2	9.9
中国内地	18.0	20.8	19.4	22.4	21.1	24.2	6.3	7.4	7.0	8.3	7.8	9.3
朝鲜	13.6	19.0	14.5	20.3	16.1	22.5	4.5	6.2	4.8	6.7	5.3	7.9
中国香港	22.9	27.8	24.2	29.2	25.9	30.9	9.0	11.4	9.8	12.3	10.8	13.6
日本	23.2	29.0	24.6	30.4	26.2	32.1	9.0	12.1	9.7	13.1	10.6	14.2
韩国	21.0	26.0	22.3	27.4	24.0	29.1	7.5	9.7	8.2	10.6	9.2	11.8
中国澳门	22.0	25.4	23.2	26.8	24.9	28.6	7.8	9.0	8.4	9.9	9.4	11.1
蒙古	16.2	19.6	17.0	21.4	18.5	23.4	6.3	7.2	6.4	7.9	6.8	8.9

资料来源：联合国经济和社会事务部（2012）。

　　老龄化的女性化特征也增加了对照护和经济支持的需求，总体来说，和男性比起来，更多的女性需要经济支持，因为女性拥有可领取养老金的工作的比例更低。女性中，老年时期没有退休金的比例要高于男性，而且女性失能的比例也比男性高。因此，老龄人口中较高比例的女性强化了对经济支持和照护机构的需求。

　　老年人口的高龄化和女性化加剧了现有资源同更多老龄人口所需的经济和照护支持之间的不平衡。重新审视退休、社会保障、转移支付以及确保向老龄化人口提供优质护理设施等相关政策，从而变得更加紧迫。

　　人口老龄化对劳动力的供给和退休人员的数量都将产生重大影响，韩国的劳动年龄人口（15—59岁）①从1950的1 000万增长到1975年的2 000万，与经济快速增长和工业化保持同步（见第三章）。等到世纪之交，劳动年龄人口为3 100万多一点。然而，据预测，到2025年，劳动年龄人口将下降到2 900万，到2050年，下降到不足2 300万。此外，劳动力快速老龄化。在1950年，50—59岁人口占韩国劳动年龄人口的12.5%。2000年，该年龄段的工人占比增长到14%，到2025年，这一比例将差不多翻一番，达到27%，等到2050年，将继续稍微增长，达到28%。从表2.15总结的数据中，我们可以清晰地看出韩国劳

---

① 劳动年龄人口被定义为15—64岁这个年龄段的人口，但是，此处采用的是15—59岁，因为韩国主要职业的平均退休年龄是58岁。

动人口老龄化状况同东亚其他国家和地区的对比。

表 2.15　1950—2050 年东亚劳动年龄人口老龄化

	50—59 岁人口百分比								
	1950			2000			2050		
	总体	男性	女性	总体	男性	女性	总体	男性	女性
东亚	13.8	13.7	14.0	14.1	14.1	14.2	27.2	27.0	27.5
中国内地	14.1	13.9	14.4	13.1	13.1	13.1	27.5	27.2	27.8
朝鲜	5.7	6.1	5.4	17.0	16.4	17.7	24.5	24.3	24.6
中国香港	7.8	5.9	9.7	14.8	16.0	13.8	27.1	27.0	27.1
日本	13.0	13.5	12.5	24.3	23.9	24.8	24.4	24.2	24.6
韩国	12.5	12.3	12.7	13.9	13.5	14.2	28.0	28.0	28.1
中国澳门	14.8	8.8	21.2	13.1	15.9	11.1	28.1	28.1	27.9
蒙古	15.5	14.9	16.8	8.0	7.9	8.2	19.3	18.8	19.8

资料来源：联合国经济和社会事务部（2011）。

在世纪之交，50—59 岁年龄段的人占韩国 15—59 岁年龄段人口的 13.9%，这一比例比东亚的平均值稍低，也比朝鲜、中国香港和日本要低。据预测，到 2050 年，该比例会增长到 28%，将高于东亚平均值，稍低于中国澳门。劳动年龄人口老龄化并不存在显著性别差异。然而，预计到 2050 年，50—59 岁人群的占比将在韩国达到最高，高于东亚所有国家和地区。

结　论

本章分析和呈现的证据说明在接下来的几十年内，韩国注定要面对快速老龄化的问题。这是史无前例的发展，和韩国前50年的人口发展形成了鲜明对比。为了解决人口变化带来的问题，决策者们面临一个全新的挑战。人口发展变化的影响广泛，涉及不同产业和社会领域的运作、家庭以及个人生活的方式。例如，医疗将变得越来越重要。随着家庭对老年人口的支持越来越小，长期护理设施和机构性住宿的市场将会扩大。同时，随着经济压力增长，婚姻中的双方都要找到带薪工作，对有偿儿童看护（不论是否由国家提供）的需求都将会增加。面对人口老龄化，国家需要意识到陷入老龄化和低生育率带来的恶性循环的风险。由于低生育率和预期寿命提高导致的人口老龄化，提供养老金所带来的经济负担增长以及对老龄人口的照料，将促使越来越多的女性进入劳动力市场，继而进一步降低生育率，尤其是在没有健全的福利制度保障的情况下。

韩国将面临劳动人口的下降，这要求韩国必须吸引更多的在经济上不活跃的人群——妇女和老人——来加入劳动力市场，同时使年长的劳动者继续工作。相关政策要考虑到对已经很低的生育率的负面影响。鉴于韩国退休年龄相对较低，正如第一章所描述的那样，韩国应该延长工作年限，减轻经济活跃人口支持老龄人口的负担。正如其他章节所讨论的那样，工作年限的延长并不是说要迫使那些中年被动退休的人去找低薪的不稳定工作，而是需要认识到上文分析的人口发展的趋势：人们的寿命更长、需要赡养的老人更多，而年轻的劳动力越来越少。

养老金计划应该进行改革，现收现付制面临越来越大的压

力——向越来越多的养老金领取者支付的福利金额不断增加，
而缴纳养老保险的人却越来越少（见下一章和第七章的讨论）。
老龄人口的高龄化将导致支付养老金的期限延长。

　　总之，很明显，韩国的决策者需要快速行动以应对人口老龄
化的影响，人口老龄化将很快影响到劳动力。因此，修改就业、
退休和养老金政策迫在眉睫。没有改革，韩国的人口老龄化将
减缓经济发展速度，到那时，韩国经济将不再是"小龙经济"，而
是"蜗牛经济"。

参考文献

　　Kim, I. -H. (2011) 'Age and Gender Differences in the Relation of
Chronic Diseases to Activity of Daily Living (ADL) Disability for elderly
South Koreans'（《关于韩国老年人慢性疾病与日常生活失能的年龄和
性别差异》）, *Journal of Preventive Medicine and Public Health*（《预防医学
与公共卫生杂志》）, 44(1): 32 - 40.

　　Mujahid, G. (2006) 'Population Ageing in East and South-east Asia:
Current Situation and Emerging Challenges'（《东亚和东南亚的人口老龄
化：现状和新挑战》）, *UNFPA-CST Papers in Population Ageing*（《联合国
人口基金会国家支助小组关于人口老龄化的文件》）, 1.

　　United Nations Department and Economic and Social Affairs (2011)
World Population Prospects: the 2010 revision（《世界人口展望：2010 年修
订本》）, New York: UNDESA.

United Nations Department and Economic and Social Affairs（2012）
World Population Ageing：the 2011 Revision（《世界人口老龄化：2011 年修订本》），New York：UNDESA.

第三章 ｜ 韩国老年人的福利制度和收入保障

梁在振[1]

引 言

和其他经济发达国家一样,韩国的退休由福利制度的性质决定,因为福利制度同老年公民享有的福利待遇以及关于退休的决定紧密相关。事实上,退休作为允许个人在生理衰退之前终结有偿工作的制度,只有在建立了现代福利制度的前提下,才有可能实现。在很多国家,包括韩国,现代福利制度的开始是政府给应获得救济的穷人免费提供产品和服务,这些人"在雇佣劳动经济中,年迈且可能孤独"(Finer 2000:17)。

如果福利制度保障对退休的人来说不完善,抑或从个人或家庭视角来说,退休过程不尽如人意,那就会出现明显的异常情况。最近的韩国新闻媒体和研究发现,老年人自杀已经成为一个严重的社会问题。2009 年,65 岁及以上老年人的自杀率比1990 年高 5 倍。专家指出,在韩国,社会保障制度不足是导致高自杀率的一个原因。过早退休又没有充分的社会福利制度保

---

[1] 首尔延世大学公共管理系教授。专业领域是社会政策和国家理论,撰写了大量关于韩国福利制度和养老金改革的文章。

障,随之而来的经济挑战被认为是韩国老年人自杀率的主要因素(Kim 2011)。

韩国在经合组织成员国中是自杀率最高的国家之一,老年人的自杀率也是最高(经合组织,2009)。相比较来说,韩国的自杀率,尤其是 55 岁及以上人群的自杀率非常高。韩国 65—74 岁年龄段的自杀率是十万分之 81.8,而其他经合组织国家的平均比例为十万分之 16.3。韩国老年人自杀率飙升不只是因为社会保障计划缺乏,或者合同强制低龄退休,老年家庭收入不足也是一个重要因素。

本章由两部分组成。第一部分回顾了在国家主导的工业化和后期民主化的背景下,韩国福利国家和老年人收入保障计划的发展,并解释了为什么韩国迄今为止只建立了非常有限的收入保障制度。第二部分分析了韩国老年人收入保障制度存在的主要结构性问题。

韩国福利制度的发展

1960 年至 20 世纪 80 年代中期,韩国处于独裁政权统治时期,工业快速发展,但福利计划寥寥。公共政策的关注点是,最好的福利制度是通过经济快速发展、提高工资和全员就业来减少贫困。正如本章所阐明的,这种政策一直持续到现在。从 20 世纪 60 年代中期到 20 世纪 90 年代早期,韩国实现了减少贫困这一目标。如表 3.1 所示,从 1966 年至 1991 年,韩国平均国内

生产总值(Gross Domestic Product,GDP)增长率为 7.4%,制造业
工资实际增长率为 9.1%。此外,城市地区贫困率大幅降低,从
1975 年的 20.4%降低到 1995 年的 7.4%。和同一时期的发展中
国家相比,这些是非凡的成就。然而,正如本章一开始及第一章
中所提到的,快速的发展不一定会转变为能为老年人或者退休
者提供充分支持的福利制度。

表 3.1　年工资实际增长率

单位:%

	时期	人均 GDP	制造业	农业
巴西	1963—1991	3.19	1.64	-0.73
智利	1963—1992	1.17	2.10	——
印度尼西亚	1970—1991	4.21	5.52	3.74
韩国	1966—1991	7.44	9.09	7.06
墨西哥	1970—1991	1.56	-1.20	1.25
巴基斯坦	1963—1988	3.00	4.89	2.94
秘鲁	1963—1986	0.68	-0.97	-2.03
泰国	1970—1990	4.89	3.00	——
土耳其	1960—1985	2.75	2.64	——

资料来源:世界银行(World Bank)(1995:149)。

　　在 20 世纪 60 年代,当时的政治独裁政权引入了老龄收入
保障制度的一些基本要素,韩国退休保障制度在 1961 年执行
(根据 1953 年通过的劳动法),作为对退休群体的收入保障,
该制度也适用于自动离职或者下岗的工人。在韩国快速工业化
的几十年间,该保障对那些失业者来说是一种失业保险,对于

退休群体来说是老年收入保障。

　　支付给工人的遣散费或者退休金额度为：每服务一年，支付一个月的工资，工资额比照离职前三个月的工资，包括加班费和奖金在内，不管工人的年龄和离职原因为何。遣散费是韩国劳动力市场的一个独特特征——只有日本和意大利有类似制度——但是遣散费额度没有这么多（经合组织，2004：68-70）。很多大公司采用累进养老金公式来确定遣散额度，奖励工龄长的工人高于立法约定的最低额的遣散费（Rhee 2003：83-85）。退休金也是理解韩国移民模式的一个关键因素，尤其是老年工人的移民模式，第九章将关注该问题。

　　退休金取决于离职前三个月平均工资情况，这意味着工人的工资历史在确定支付额时并不是关键因素。从工人和雇主的角度看，关键因素是工作的年限和最后的工资。这种安排反映了退休金制度确立时的劳动力市场状况：工人长期受雇于同一家大公司，职业发展可期，且经济发展迅速，实际工资从而快速增加。

　　退休金意味着工人可以得到即时的一次性现金支付，其价值很容易计算。这种一次性支付，本意是在短期内减轻低龄强制退休对经济的影响。对于那些计划开启二次职业的人——尤其是创业者，或者如第九章所讨论的那样，计划移民的人——这笔退休金作为启动资金非常重要。而对于那些需要合同就业或者其他临时工作的人来说，这笔一次性补助可以让他们有一个初始的财务缓冲。因此,退休金起到了在从一级劳动力市场向次级劳动力市场过渡阶段,缓和短期内家庭现金流影响的作用。如果没有退休金计划,很多工人和他们的家庭就很难实现具有韩国特色的两步走退休之路。

在几十年的经济快速增长期,对于雇主和国家来说,退休金都非常有吸引力,因为对预筹的退休金并没有相关规定。换句话说,付给退休工人的钱可能来自运营资金。最后,正如第二章所示,在20世纪60年代到90年代,韩国的人口很年轻,退休的工人相对不多,许多更年轻的工人被雇用,而他们领取退休金是几十年后的事情。

韩国首个政府规定的养老金从1960年开始,主要提供给政府公务员,1963年军队也有一个独立的、类似的计划。这些设计的初衷是保证公务员的忠诚,尤其是对20世纪60年代和70年代的独裁政权的忠诚。1973年建立的一个计划将私立学校教师也覆盖在内。相对丰厚的养老金条件也是为了减轻这些人被排除在退休金计划之外而受到的影响。

这些计划的一个特点是工人可以在年轻的时候就退休,且可以获得丰厚的补助。比如,政府工作人员不管年龄多大,都可以在为政府服务20年后拿着全额养老金退休(Moon and Koh 2005)。这种情况在过去10年间有所改变,现在60岁之前没有资格拿到养老金,但是这种变化只适用于那些新入职者。因此,有些政府工作人员可以在40岁出头就拿全额养老金退休,继而开启第二职业,这种情况并不罕见。

在 20 世纪 70 年代初期，独裁政府启动建立养老金计划的方案，以此来覆盖那些被排除在三个职业养老金计划（政府工作人员、军队和私立学校教师）之外的劳动者。政府面临两种压力，第一种压力是动员国内资本，支持进一步快速工业化，尤其是重型机械和化学产品领域。第二种压力是需要展示出国家领导的专职发展策略会增加工人阶级的福利，以此来平息对政治独裁的政治反对。不出所料，出台的养老金方案非常有效地调动了储蓄，但未把多数工人都覆盖在社会保险方案里。1973 年的石油危机和来自商业团体的强烈反对使国民养老金的引入搁置了十多年。

回顾老年人收入保障最初的设计，我们可以发现韩国福利制度的四个关键特征，它们直到现在仍然主导着相关决策。第一，政府一直以来更愿意把国家财政资源集中在工业发展上，而不是福利计划上（比如转让给个人）。此外，因为经济的高速发展依赖出口，所以韩国工业和政府渴望尽可能降低劳动力成本，这使得韩国制造的产品能够并且确实在全球具有价格优势。后果就是，政府在提出福利和社会保险方面犹豫不决，因为这可能导致单位劳动力成本上升。

如表 3.2 所示，结果是和其他国家相比，韩国启动社会保险计划（social insurance schemes）较晚。表格清楚地显示出，韩国政府正式通过主要福利制度核心准则的时候，其人均收入远高于其他国家。

表 3.2　主要社会保险计划引入时间点（引入年份和人均国内生产总值）

国家	工伤	医疗	养老金	失业
德国	1871 （＄1 817）	1883 （＄2 143）	1889 （＄2 379）	1927 （＄3 941）
瑞典	1901 （＄2 515）	1891 （＄2 105）	1913 （＄3 096）	1934 （＄3 991）
美国	1930 （＄6 213）	—	1935 （＄5 467）	1935 （＄5 467）
日本	1911 （＄1 356）	1927 （＄1 870）	1941 （＄2 873）	1947 （＄1 541）
巴西	1919 （＄895）	1923 （＄1 046）	1923 （＄1 046）	1965 （＄2 448）
智利	1916 （＄2 895）	1924 （＄3 062）	1924 （＄3 062）	1937 （＄3 181）
韩国	1963 （＄1 316）	1977 （＄3 775）	1988 （＄7 621）	1995 （＄11 809）

资料来源：C. Pierson（1991：108）；美国社会保障管理局（US Social Security Administration）（1999）。

注：括号里的数据是人均国内生产总值，单位是 1990 年国际元，依据是安格斯·麦迪逊（Angus Maddison）的世界经济发展数据库（http://www. ggdc. net/maddison）。

　　第二，韩国政府引入社会保险经常是为了支持经济增长，而不是为了减轻百姓的贫困或苦难。换言之，其设计的养老金计划是为了最大程度减少国家和企业的经济负担。例如，基于保险的养老金计划和失业福利计划被引入时，相关条例一般要求更大、盈利更多的公司首先参与，但是仅仅数年或几十年之后，小公司也会被要求给保险计划出资。这意味着大企业收入更高的工人会首先受益于福利制度的扩张，而小公司的低收入工人却无法先受益。此外，正如本章接下来所讨论的那样，国家有限的福利投入会导致更严格的资产测查，以及更微薄的政府援助和公共服务福利。

第三，20世纪60年代到80年代的独裁政府引入了社会保险计划，目的是获取并维持政治支持（例如，给公务员的特殊职业养老金）。为进一步促进经济发展，大出口公司的利益被融入了社会保险计划的设计（例如，退休金和以企业为基础的医疗保险协会）。出于政治利益考虑，韩国的社会福利制度开始是为少数公民设计的，他们并不直接需要社会服务。这样做的结果便是小福利制，甚至直到20世纪90年代初期，韩国在人均国民收入达到10000美元水平的情况下，社会支出只占3.1%，对比瑞典的27.1%、德国的23.5%、英国的19.6%（Yang 2011）。2012年，经合组织估计韩国社会公共总支出占GDP的比例在经合组织国家中第二低，仅超过墨西哥（经合组织，2012）。

韩国福利制度发展的第四个特征是，从以前到现在都高度依赖家庭。从历史上看，家庭即便不是为老年人提供经济和其他支持的唯一来源，也是主要来源。在多数经济发达国家，福利制度基本取代了家庭。与之相比，在韩国，儒家价值观和限制福利制度的决定使家庭一直都是为老年人提供收入保障的核心机构。家庭，包括代际家庭，在为老年人提供收入支持方面持续发挥着广泛的作用，这意味着较低的合同约定退休年龄和两步退休模式并不像在其他情况下那样，成为引人注目的公共政策问题。

在福利制度和养老金都欠发达、多数工人通过私人存款获得的收入支持不足的情况下，家庭注定成为个人退休之路的主要支撑。事实上，政府政策往往鼓励家庭为老年家庭成员提供经济支持。因为家庭仍然是年长工人和老年人的有效收入保障机制，所以早退休和其后不稳定的二次就业所带来的经济风险，要比同水平人均国内生产总值的西方国家小。

此外，韩国社会的父权性质意味着女性要承担很多责任（从养育孩子到照顾老人），这些是发达福利制度应该涵盖的内容。换句话说，韩国作为小型福利国家，女性自愿或者被迫承担了各种家庭责任，这造成很多女性放弃带薪工作而退休的独特现象，第五章将对此进行分析。正如第二章所讨论的那样，韩国日益改变的生育模式和女性越来越多的就业机遇，已经改变了很多女性要离开这个国家的意愿。

国民养老金

如前文所述，在 1973 年，当时的军政府提出了一项深受经济因素影响的国民福利养老金计划（national welfare pension scheme），即政府想调动国内资本来做经济投资。养老金计划的设计是让雇主和雇员共同承担成本，而不需要政府用税金来抵开销，对政府的益处是政府可以控制大笔资金做投资以促进经济发展。然而,在第一次石油危机和紧随其后的世界范围的经济衰退的余波中,为老年人争取保障的小小努力被 1974 年年初的总统紧急法令中止(Yang et al. 2008)。又过了 15 年,养老金政策才再一次使得为国家私营企业工人提供养老金计划作出持续努力成为可能。

韩国的民主化运动始于 20 世纪 80 年代中期,其对政府施压,要求对财富进行重新分配。作为回应,政府努力满足部分公民,引进最低工资制度、医疗保险计划,以及拖延已久的国民养老金。然而,这些新方案范围有限,因为大量的政治权力继续握在保守派别手中,同时工会运动力量微弱。

韩国的单一成员选举制度导致在韩国国会中,被推选的国会代表对社会福利问题基本漠不关心,因为很多选民更关心的是当地的发展问题而不是国家的社会福利问题。韩国的工会没有权力,也没有什么动机来追求使整体公民受益的政策。大公司通过提高工资、增加企业福利,包括发放优厚的退休金,来阻止工会运动。因此,企业工会不会为提倡普遍福利权益作出努力,因为工会成员的福利需求主要由其所在的公司来满足。总体来说,工会对社会福利政策不予重视的趋势一直持续到现在(Yang 即将出版)。

国民养老金计划(the National Pension Scheme)最终于 1988年得以实施,因为私营部门的劳动者受到当时保守的、限制性福利意识的影响。国民养老金计划的仓促引进,目的是实现福利制度扩大和民主化,当时主要关注的是政治利益和养老金政策,而未仔细考虑其对公共养老金的长远影响。20世纪70年代流产的养老金计划是让劳动者个人缴费7%，而其所得替代率为40%，换句话说，该养老金计划中，劳动者个人负担比例为其工作收入的7%，一般劳动者将在退休时以养老金的形式得到其先前工作收入的40%。

然而，1988年的国民养老金计划缴费率更低，只有3%（雇主负担1.5%，雇员负担1.5%），但是所得替代率要高很多，达到70%。换句话说，养老金非常丰厚，工人负担得少，但是退休的时候得到的很多。不出所料，这种低缴费、高福利制度导致了财政的不可持续性。

为了减轻雇主既要为现存退休金缴费，又要为国民养老金计划缴费的负担，支付给劳动者的退休金被计划转移给国民养老金计划。到1997年，国民养老金计划的缴费率将提高到6%：其中雇主缴2%，雇员缴2%，转移退休金2%。1998年缴费率进一步提高，达到9%（雇主、雇员和退休金三方各缴纳3%）。然而，工会和工人强烈反对所谓的退休金损失，这意味着把退休金计划整合到国民养老金计划中从未实施。取而代之的是允许国民养老金和退休金共存。

不难理解工人为何抵制把长期存在的退休金（由雇主提供资金）和新的国民养老金进行整合。毕竟，一次性退休金是被迫早退休的一个特征，有助于向二次就业过渡。此外，退休金的数额很容易计算，一退休就能马上收到。与之形成对照的是，国民养老金到60岁才能领取，这意味着从合同强制退休到符合养老金领取资格，多数私营企业的劳动者会有几年甚至 10 年的时间差。

2004 年，政府宣布公司可以设立企业养老金（corporate pensions），或者继续沿用退休金，但政府提供税务优惠以支持企业养老金（见第六章）。很多更大的公司慢慢趋向于建立企业养老金，而小的企业继续沿用退休金。同时，政府也允许公司，尤其小公司，来为职员设立个人退休账户。然而，很多工人还是更喜欢退休金而不是企业养老金。企业养老金，从固定收益到固定缴款，对工人没有什么吸引力，除非是那些退休晚的高收入劳动者，他们不需要在劳动力市场进行再就业。最近，从 2012 年开始，新建立的企业不能再运作退休金计划，但是必须为职员建立企业养老金计划（在向国民养老金计划缴费以外）。

引入国民养老金的主要经济目标之一是将剩余的养老金投资到社会间接资本中，经济企划院（Economic Planning Board）院长是国民养老基金运营委员会（National Pension Fund Operation Committee）的主席，可以把养老基金的 70% 投资到政府经济发展项目中。虽然在原则上对养老基金的公共使用并不失当（在其他国家这也很普遍），但事实上这带来了问题，因为韩国政府擅自使用这笔资金来换取批评家所说的政治收益。结果，这遭到了专家和公民的强烈反对。1998 年，在新的中左政府的领导下，养老基金开始只用来保护基金持有人的养老金权益（Won and Joo 2011）。

韩国 1997 年金融危机后，金大中（Kim Dae Jung）被选为总统,他进步、支持福利。他的执政启动了一轮福利制度改革,建立了以"积极性福利"为理念的社会政策。其中一个政府动议是扩大国民养老金计划的覆盖面,引进国民基本生活计划,给劳动人口在内的所有公民提供基本的经济援助。

但是,国民基本生活计划自 2002 年实施以来,覆盖范围和支付额度都非常有限,没有几个人符合条件。为了符合条件,申请人必须说明自己没有家人(孩子或者父母)可以对其进行经济支持。此外还存在收入和资产调查,只有那些赤贫的人才有资格领取,而所领取的钱也只能使领取者脱离政府设置的最低收入线。

很多改革在 20 世纪 80 年代的民主过渡时期就已经被提出,但是被保守派政府推迟了。因此,这些改革并没有很大的进步性,也不太能顺应 20 世纪 90 年代的社会和经济发展趋势,更多是追赶性质的。结果,尽管社会福利计划有所扩大,但是重大的问题依然悬而未决,比如劳动人口中穷人的增长、不平等加剧、生育率低,以及较早被强迫退休的影响(如老年群体自杀率上升)。

关于养老金改革,在 1999 年,为了解决国民养老金计划"低缴费、高收益"的问题,政府把所得替代率从 70% 降低到 60%,国民养老金计划已经把覆盖范围扩展到 4 人及以下的小公司、城市自由职业者。更重要的是,领取养老金的资格年龄从 60 岁提高到 2013 年的 61 岁,然后逐步提高,到 2033 年达到 65 岁。这加长了强制退休年龄和养老金领取年龄的时间差,进一步增加了到达合同约定强制退休年龄的劳动者的经济压力。

　　韩国工会,尤其是保守的韩国总工会,反对把国民养老金计划的覆盖面扩大到小型企业,因为养老金计划有再分配的特征。国民养老金通过受益人收入的相对比例来确定一半付款额,通过所有保险持有人的平均收入来确定另一半付款额。换言之,加入国民养老金计划的所有劳动者的平均工资在确定付款额度的时候起关键作用。小公司所付的薪水一般低于大公司,自由职业者的收入通常比那些在大企业工作的人少很多。因此,国民养老金计划覆盖面扩大到更小的企业会导致大公司雇员的保险支付额度降低,因为保险计划要根据所有参加养老计划的人的平均收入来确定支付额度。此外,如果有自由职业者低报其收入,他们就会得到比自己应得更高的福利金(因为国民养老金的再分配公式)。虽然工会反对扩大保障范围,但事实上政府坚持执行这个政策,并且进一步扩大覆盖面,因此今天正规经济中的多数劳动者都必须加入国民养老金计划。然而,正如第七章所分析的那样,还是有大量的劳动者未能缴纳养老金保险费。

　　卢武铉(Rho Moo Hyun)政府于2003年掌权,该政府努力克服社会保障政策的局限性,提出了长期的福利计划,命名为"展望2030"(Vision 2030),这是韩国的第一个长期福利计划。"展望2030"勾勒出一个综合性的福利策略来应对新的社会风险(例如低生育率、老龄社会,第二章已有所描述),把韩国的社会支出提高到经合组织国家的平均水平(韩国政府[Korean Government],2006)。然而,该计划几乎没什么吸引力,因为卢武铉政府的福利改革开始较晚,"展望2030"中的提议需要增加支出,这未能得到大集团的支持(Yang 2008)。然而,福利制度范围有明显扩大,包括政府出资的公共托儿服务和老年人的长期护理保险。此外,政府对国民养老金计划进行了第二次改革。

2007年的养老金改革主要关注的是"低缴纳,高福利"结构造成的长期经济不稳定,这是自1988年该养老金计划创立以来就一直存在的困扰。于是,一项被称为"足额缴纳,足额福利"模式(把缴纳率逐步从9%提高到15.85%,所得替代率逐步从60%降低到50%)的改革得到推进。然而,反对派和很多民间社会团体抵制这个方案,因为它没有为大约40%还未被国民养老金计划覆盖的经济活跃人群提供福利。

结果,政府选择到2028年把所得替代率逐渐降低到40%,但不提高缴纳率。作为对降低的所得替代率的补充,政府在2005年起草了《退休金法》(the Retirement Pension Law)。但是,如前所述,卢武铉政府把退休金制度转变为企业养老金计划的努力遭到了支持退休金的有组织劳工的抵制。因此,退休养老金被作为自愿计划引入。然而,它的覆盖率要比国民养老金计划低得多,到2011年保持在32.5%(雇佣劳动部[Ministry of Employment and Labour],2011)。

同样重要的是,在改革国民养老金计划的同时,政府引入了基于税收的基础退休金制度,称为基本养老金(Basic Old Age Pension),给没有国民养老金计划缴费史的60%的老人每月提供养老金。然而，基本养老金只有到 65 岁才能领取，距离合同强制退休可能有 10 多年的时间差。基本养老金数额每月仅约 9 万韩元（大约77 美元），对于缓解老年人贫困和贫困的不利影响杯水车薪。因为基本养老金制度，韩国最终拥有了和西方福利制度相似的、基本的多支柱养老保险体系，其中第一层次为基本养老金制度，第二层次为国民养老金计划，第三层次是退休金计划和企业养老金。

结构性问题

从 20 世纪 60 年代开始的韩国老年人收入保障计划的主要目标是弱化政府的作用。结果，引进国民养老金计划滞后于国家的经济发展。社会保险取代了基于税收的计划，成为养老金的规范形式，结果导致很多没有机会加入国民养老金计划，或对该计划缴费不足的老年人面临贫困风险。边缘劳动者，如那些短期合同工、在小企业工作的人和临时工，都被排除在国民养老金计划外，或因没缴费而被排除在外（见第七章）。保障网络中的这些盲点在韩国分布广泛，表 3.3 显示，非正式员工的所有法定福利覆盖率都大大降低，除了受保资格是基于家庭的国民医疗保险。300 人以下的小型和中型公司的养老金有效覆盖率，正式员工达到 70%，非正式员工只有 47.6%。

那些被排除在国民养老金计划外的人必须依赖国民基本生活保障计划（National Basic Livelihood Security Scheme）和基本养老金。然而，国民基本生活保障计划的资产调查非常严格，而且严格规定家庭成员也要提供经济支持。另一方面,基本养老金只能在 65 岁时领取,而且每月数额微薄,几乎不可能帮助领取者脱贫。因此,韩国的老年人贫困率极高。

国民养老金的不足不仅对贫困老年人而言是个问题,对中产阶级也同样如此。国民养老金计划具有突出的收入再分配特征,因此收入高于平均收入的中产阶级的所得替代率非常低:对于收入是平均收入 2 倍的中产阶级来说,他们的所得替代率只有 25%。虽然退休金或来自工作场所的养老金部分抵消了国民养老金计划的低所得替代率,但是对中产阶级来说,低替代率仍然是一个严重的问题。

表 3.3　2008 年 8 月社会保险和公司福利的有效覆盖率

单位:%

		养老金	医疗	就业	退休金	加班费	带薪休假	奖金
所有带薪雇员		70.6	93.9	56.8	61.4	42.4	52.8	56.6
正式员工		81.3	96.3	65.8	74.5	53.5	65.4	71.2
非正式员工		49.7	89.4	39.2	35.6	20.7	28.0	27.9
大公司		96.4	99.2	78.0	93.7	82.3	92.2	91.4
中小公司		67.3	93.3	54.0	57.2	37.2	47.7	52.0
大公司	正式员工	99.1	99.7	78.7	98.3	88.1	97.0	96.9
	非正式员工	83.7	96.5	74.5	71.5	54.5	64.6	69.4
中小公司	正式员工	78.3	95.7	63.6	70.5	47.7	66.9	60.1
	非正式员工	47.6	88.9	37.0	33.4	18.6	25.6	25.4

资料来源:依据韩国统计信息系统(Korean Statistical Information System)的数据(http://www.kosis.kr)计算。

注:大公司指的是规模在 300 人及以上的企业,中小企业指的是规模在 300 人以下的企业。

　　与收入相关的缴费型养老金计划应该具有财政上的可持续性，然而在国民养老金计划创立的前 20 年，尽管进行了两次重要的改革，韩国的公共养老金体系仍然缺乏强有力的长期财政可持续性。例如，政府弥补了现在已高达 1.3 万亿韩元（相当于 13 亿美元）的公务员养老金赤字，等到 2040 年，该养老金赤字将达到不可持续的 20 万亿韩元（相当于 200 亿美元）（Min 2011）。私立教师养老金计划也面临同样的问题。

　　最让人担忧的是，体量更大的国民养老金计划尽管在 2007 年进行了改革，却面临相似的麻烦。据预测，养老金将在 2060 年耗尽，给下一代劳动人口造成极大的压力。正如第二章所回顾的那样，韩国的人口发展结构让情况更加不妙，因为有资格领取养老金的公民越来越多，但是缴纳养老保险的劳动者越来越少。根据表 3.4 中的养老金经济前景所示，每个劳动者的精算公平的养老金缴费比例需要从现在的 9% 快速提高到 2065 年的 23.9%。如果缴纳率没有早一些逐渐提高，并且替代率降低、领取资格年龄进一步提高，那么政府的税款将不可避免地要拿来补充养老金计划，这将导致代际收入转移或者纳税增加（Moon 2007）。然而，减少养老金或者推迟领取养老金的资格年龄，都只会让贫困老年群体更加庞大。

　　关于国民养老金资金还有两个忧虑：第一，它的体量庞大，会影响国内金融市场的发展。目前，国民养老金计划的资金规模在世界上排第三位，那么它的投资决定会对相对较小的韩国金融市场产生重大的影响。第二，这笔资金的快速枯竭可

能会导致市场瓦解，从而使得在证券和房地产中的投资清算非
常困难（Abel 2001；Lee et al. 2007；Won and Joo 2011）。

表 3.4　2007 年改革后的财政预测

	财政收入	支出	余额	储备	精算养老保险缴费率
2005	30.2(3.5)	3.2(0.4)	27.0(3.1)	173.0(20.1)	9.0
2010	50.7(4.0)	7.6(0.6)	43.1(3.4)	357.3(27.9)	9.0
2015	80.4(4.3)	15.5(0.8)	64.9(3.5)	638.4(34.5)	9.0
2020	119.1(4.6)	30.5(1.2)	88.6(3.4)	1 031.9(39.4)	9.0
2025	167.8(4.7)	57.9(1.6)	109.9(3.1)	1 535.0(43.1)	9.0
2030	225.5(4.8)	101.3(2.2)	124.2(2.7)	2 124.1(45.5)	9.0
2035	285.7(4.8)	163.5(2.7)	122.2(2.1)	2 748.8(46.2)	9.0
2040	348.3(4.7)	258.1(3.5)	90.2(1.2)	3 298.9(30.2)	9.0
2045	403.0(4.3)	377.3(4.1)	25.6(0.3)	3 613.3(38.9)	9.0
2050	443.6(3.8)	524.9(4.5)	−81.2(−0.7)	3 488.9(30.2)	9.0
2055	454.1(3.2)	672.5(4.7)	−218.4(−1.5)	2 781.5(19.4)	9.0
2060	424.5(2.4)	876.6(4.9)	−452.1(−2.5)	1 131.2(6.3)	9.0
2065	425.5(1.9)	1 128.5(5.1)	−703.0(−3.2)	—	23.9
2070	525.1(1.9)	1 415.3(5.1)	−890.2(−3.2)	—	24.3

资料来源：Moon(2007:9)。

注：括号外数字单位为十亿韩元，括号内数字表示该数额占国内生产总值的百
分比。

　　韩国国民养老金计划的一些困境并不是独一无二的，正如
第二章所述，其他经合组织国家也面临同样的问题，因为婴儿
潮的一代人即将退休。经合组织的西方国家中，婴儿潮一代多

数在 2020 年到 2030 年期间退休，比韩国早 5—10 年。然而，这些国家的情况和韩国又有不同。当这些国家开始清算养老金资金的资产时，希望亚洲的养老金资金能对他们的市场进行投资，因为亚洲国家的养老金资金将要寻求投资市场。因此，这些国家不可能经历资产价值快速下跌。当韩国的养老金资金在 2040 年以后卖掉它的股份，来接盘的大机构买方可能会更少（Won and Joo 2011）。

结　论

直到 20 年前，韩国都没有切实可行的老年收入保障体系。20 世纪 60 年代到 80 年代，在国家主导的工业化进程中，政府把拥有的资源主要输送给经济发展。老年收入保障体系的第一部分是在 20 世纪 60 年代给公职人员提供的特殊职业养老金。然而，这些养老金仅仅覆盖了劳动力的一小部分。1988 年，针对私营部门劳动者的国民养老金计划终于引入，但由于该计划在结构上"低缴纳，高福利"的特点，加之韩国人口的快速老龄化，该计划在财政上不具有可持续性。此外，国民养老金的领取年龄迟于劳动者被迫退休的年龄几年甚至十年。

为了解决该计划在财政上的不稳定性，政府进行了几轮养老金改革，来提高养老金缴纳率、降低福利、提高领取年龄。虽然当前养老金计划在财政上更具可持续性，但是韩国人口发展趋势会导致养老金在未来 50 年耗尽。因此，政府可能会进行更多轮改革,这些改革可能会进一步拉大养老金领取资格年龄和第一职业结束年龄之间的时间差。

2007 年的基本养老金为老年人创造了基本的安全保障,但是,很多韩国老年人仍旧收入低、生活贫困。正如本书中其他章节所说明的那样,应对韩国退休收入资金问题的方法是提高合同退休的年龄,或彻底废除退休年龄。一个直接影响是劳动者为国民养老金计划缴费的时间会更长,有助于稳定该计划。此外,如果劳动者在超过养老金领取年龄后继续工作(并缴纳养老保险),那么领取养老保险的时间将推后,这样就为其他改革举措提供更大的空间。同样重要的是,职业时间的延长将降低一些老人的贫困率,从而减少韩国老年人面对的社会问题。

参考文献

Abel, A. (2001) 'Will Bequests Attenuate the Predicted Meltdown in Stock Prices when Baby Boomers Retire?'(《婴儿潮一代退休时,遗赠会减缓股价的预期暴跌吗?》), *Review of Economics and Statistics*(《经济与统计评论》), 83(4): 1–16.

Finer, C. J. (2000) 'Aging in Industrial Societies, East and West: A Western Comparative Perspective'(《工业社会的老龄化,东方与西方:西方比较视角》). In V. L. Bengtson, K.-D. Kim, G. C. Myers and K.-S. Eun (eds.) *Aging in East and West: Families, States and the Elderly* (《东方与西方的老龄化:家庭、国家与老年人》). New York:

Springer. 17 - 40.

Kim, T. -j. (2011) 'Depression: Leading Cause of Suicides'(《抑郁：自杀的主要原因》), *The Korea Times*(《韩国时报》), Online. Available HTTP: <http://www. koreatimes. co. kr/www/news/nation/2011/11/113_99008. html>

Korean Government (2006) *Vision 2030 - Korea: A Hopeful Nation in Harmony* (《展望 2030 —— 韩国：和谐的希望之国》), Joint Press Release. 125 - 142.

Lee, H. , Im, K. and Jho, S. (2007) 'The Impact of the National Pension Asset in the Financial Market'[in Korean](《国民养老金资产对金融市场的影响》[韩文]). In H. P. Moon (ed.) *Multidisciplinary Research on Korean Retirement Income Security System* (《韩国退休收入保障制度的多学科研究》), Seoul: Korea Development Institute.

Min, H. S. (2011) 'Why the 2009 Reform of GEP (Government Employee Pension) remained a moderate Reform: A Focus on Political and Structural Characteristics of Policy Decision making Process'[in Korean] (《2009 年政府雇员养老金改革为何仍是温和改革：以政策决策过程的政治和结构特征为焦点》[韩文]), *The Korean Associations for Policy Studies*(《韩国政策研究学会》), 20(1): 333 - 362.

Ministry of Employment and Labour (2011) 'Up to date Information of the Retirement Pension'[in Korean](《退休养老金最新资料》[韩文]). Press release.

Moon, H. (ed.) (2007) *Multidisciplinary Research on Korean Retirement Income Security System* [in Korean](《韩国退休收入保障制度

的多学科研究》[韩文]），Seoul：Korea Development Institute.

Moon, H. and Koh, Y. （2005） *The Korean Pension System：Current State and Tasks Ahead* （《韩国养老金制度：现状与未来任务》）. In L. -J. Cho, H. Moon, Y. H. Kim and S. -H. Lee （eds.）, *A New Paradigm for Social Welfare in the New Millennium* （《新千年社会福利的新范式》）. Seoul：Korea Development Institute. 229 – 257.

OECD （2004）*Korea：Ageing and Employment Policies*（《韩国的老龄化与就业政策》）. Paris：OECD.

——（2009）*Pensions at a Glance*（《养老金概览》）. Paris：OECD.

——（2012）'Government Social Spending'（《政府社会支出》）, *Social Issues：Key Tables from OECD*（《社会问题：经合组织的主要表格》）, No. 1. Available HTTP http：//www. oecd-ilibrary. org/social-issues-migration-health/government-social-spending_20743904-table1

Pierson, C. （1991） *Beyond the Welfare State?* （《超越福利国家?》）, Cambridge：Polity Press.

Rhee, C. -H. （2003）'Wage：Levels and Structure'（《工资：水平和结构》）, In J. -H. Kim （ed.）, *Employment and Industrial Relations in Korea*（《韩国的就业和劳资关系》）. Seoul：Korea International Labour Federation. 57 – 88.

US Social Security Administration （1999）*Social Security throughout the World* （《世界各地的社会保障》）, Washington：US Social Security Administration.

Won, C. and Joo, E. （2011）'A Discussion on National Pension Fund Management with an Alternative View to Government Pension Policy

Direction'［in Korean］（《以对政府养老金政策方向的另一种看法论国民养老基金管理》［韩文］）, *Korean Social Policy Review*（《韩国社会政策评论》）, 18(1)：175－207.

World Bank（1995）*World Development Report 1995：Workers in an Integrating World*（《1995 年世界发展报告：一体化世界中的劳动者》）, New York：Oxford University Press.

Yang, J.（2008）'Proactive Social Policy Initiative but Failed Political Mobilization'［in Korean］（《积极的社会政策倡议, 失败的政治动员》［韩文］）, in the Society for the Study of the Society and Economy of the Korean Peninsula（ed.）*Frustration of the Rho Moo Hyun Era*（《卢武铉时代的挫折》）, Paju：Changbi.

——（2011）'Old-age Income Security in Korea：History, Challenges and Reform Directions'［in Korean］（《韩国的老年收入保障：历史、挑战与改革方向》［韩文］）, *The Journal of Asiatic Studies*（《亚洲研究杂志》）, 54(2)：80－357.

——（即将出版）'Parochial Welfare Politics and the Small Welfare State in South Korea'（《韩国的教区福利政策与小福利国家》）, *Comparative Politics*（《比较政治学》.

Yang, J. Yeong-soon Kim, Young-jae Jo, Soon-mee Kwon, Myung-sook Woo and Heung-mo Jeong（2008）*Policymaking Process of the Korean Welfare Policy：History and Evidence*（《韩国福利政策的决策过程：历史与证据》）, Seoul：Nanam.

第四章 | 韩国强制退休的法律基础

赵龙晚①

引 言

在韩国,雇主广泛施行强制退休,强制退休是人事或人力资源政策不可或缺的组成部分,没有任何法律或法规鼓励或者禁止强制退休。实际上,自 20 世纪 50 年代初期以来,尽管劳动关系领域建立了法律法规,但除公共部门外,几乎没有关于强制退休的法律规定。然而,正如其他章节所示,尽管强制退休在私营企业被广泛采用和施行,但很难说这是个可取的政策。2010 年,300 人及以上规模的私人企业平均合同约定退休年龄是 57.4 岁,和 2003 年的 56.7 岁相比稍有提高。然而,很多雇员,不管是自愿的还是被迫的,都在雇主规定的强制退休年龄前离职。因为存在较早退休和其他类似的安排,韩国私营部门雇员的实际退休年龄在 53 岁左右(Keum 2012)。正如其他章节所示,这在韩国产生了非常严重的社会问题,原因很多。最不容忽视的是从 2013 年以来,私营部门劳动者领取公共养老金的资格年龄

---

① 首尔建国大学法学院教授。撰写了大量关于就业法的文章,尤其是年龄歧视和退休问题。

是 61 岁,并且这将逐渐提高到 2033 年的 65 岁。

强制退休是指,劳动者一旦到了某个预定的、由雇主决定的年龄,就由雇主来终结雇佣关系,不管雇员本人的劳动意愿或能力。换句话说,韩国雇主可以仅仅依据年龄来合法终结雇佣关系。本章认为这种歧视性的做法应该禁止,除非有具体、正当的理由施行强制退休,否则退休的时机应该由雇员本人决定。鉴于国际上延迟或完全废除退休年龄的趋势(见第一、第九和第十章)和韩国快速老龄化的社会,对强制退休进行改革是这个国家必须面对的任务。

本章的目的是回顾关于韩国强制退休的法律法规和司法决定,提出可能的改善建议。本章首先明确强制退休的定义,其次分析关于强制退休的辩论,回顾《就业年龄歧视法》如何在年龄歧视的背景下应对强制退休问题。再次,本章回顾了当前法律如何规范退休年龄的问题。本章的结论部分将对如何完善强制退休的法律框架提出建议。

强制退休的定义和类型

韩国的强制退休被定义为一种制度,当雇员达到劳动合同、劳动规则或集体约定中规定的某个年龄,不管雇员是否有劳动能力,劳动关系自动终止。根据法庭裁决,雇员的强制退休年龄是劳动关系自动终结的原因。因解雇或辞职而产生的退休,需要雇主或者雇员表达出终止劳动关系的意愿;但是由于年龄而合同强制退休是因为雇员达到了指定年龄,不需要雇主或雇员表达出终止劳动关系的意愿。在这方面,强制退休在法律特征上区别于解雇或者辞职。换句话说,强制退休不是现存立法制约下的解雇,尽管劳动关系的终结可能违背雇员的意愿。

正如第三章所讨论,韩国已经准备好了覆盖私营部门的公共养老金计划,领取公共养老金的资格年龄在 2013 年是 61 岁,每五年提高一岁,到 2033 年将达到 65 岁。如果强制退休设定在 61 岁或者更高年龄,雇员在退休后就可以马上领取公共养老金,这样因退休而失去收入的风险就更低。雇员一退休就可以领取公共养老金的退休年龄被称为"合乎社会需求的强制退休",因为这让雇员退休的不利影响最小化。与之形成对比的是,如果合同约定退休年龄早于领取养老金的资格年龄,被迫退休的劳动者可能会在一段时间内没有稳定、可靠的收入来源,这被称作"强制提前退休"(early mandatory retirement)。韩国企业的平均强制退休年龄是 57 岁左右,因此韩国的惯例被分类为"强制提前退休"。

强制退休可以分为"私营部门强制退休"(private sector mandatory retirement)和"公共部门强制退休"(public sector mandatory retirement),这取决于受这种做法所影响的雇员类型。对于在私营部门工作的雇员来说,雇主通过劳动合同、工作规则或者集体约定来为他们确定强制退休年龄,没有法律法规来强制规定强制退休的条款。另一方面,对于公职人员来说,强制退休年龄由《国家公职人员法》(the State Public Officials Act)

中针对公务员的法律和规章来明确规定。根据该法案,如没有其他法律法规作出不同规定,公务员的强制退休年龄是 60 岁。

强制退休被分为"统一强制退休"(uniform mandatory retirement)和"差别强制退休"(differential mandatory retirement),这取决于雇员是根据某种标准统一退休还是有差别地退休。如果是统一强制退休,公司中所有的雇员,无论职位和工作,都在相同年龄退休;而差别强制退休则是雇员因为职位不同或者在单位所做的工作不同,而退休年龄各异。总体来说,白领工人或者职位高的雇员的退休年龄比蓝领工人和职位低的雇员更高一些。这种差别强制退休安排是否合法,本章将在后面进行讨论。

辩论和最近的立法运动

强制退休的支持者和反对者之间存在激烈的观念冲突。支持者的主要观点如下:第一,企业所能支撑的雇员数量有限,因此不可避免地,企业需要去掉一些老员工来雇佣新的年轻的员工,这样才能保持工作场所年龄的平衡。第二,强制退休有利于确保劳动能力下降的劳动者退出职场,而不是由雇主辞退。第三,在韩国普遍存在的资历制度中,薪资提高的主要依据是为雇主工作的年限,对于雇主和雇员来说,强制退休都是公平的。这是因为根据经济理论,资历薪资对于年轻的、刚开始职业生涯的劳动者来说,他们的劳动力价值大于其所得,而后来,等他们年长的时候，他们的工资所得要大于他们的劳动力价值，这对他们是一种对工资不平等的弥补。最后，强制退休能确保雇员在没有出于特别原因被辞退的情况下，可以一直工作到强制退休年龄，这是该制度的积极作用。换句话说，雇主不太可能解雇那些有问题的雇员，尤其是接近退休年龄的雇员，因为解雇的成本可能比等到其按照合同约定退休要高（Im 2012；Kim 2012）。

合同约定强制退休的反对者提出以下观点：第一，强制退休是基于年龄的歧视，这违背韩国宪法，宪法规定所有公民在法律面前平等，不会因为性别、宗教或者社会地位而在政治、经济、社会和文化生活中遭遇歧视。然而，年龄没有作为一个可能产生歧视的因素而写入宪法。此外，强制退休违背《劳工标准法》（the Labour Standards Act）的平等对待条款，该条款要求雇主不能依据性别来歧视雇员，也不能依据国籍、宗教和社会地位在工作条件方面给予区别性对待。像在宪法中一样，年龄再一次未列入禁止实施歧视的范畴。第二，因为年龄不能构成正当事由，强制退休应被视为无正当理由的解雇行为，这种行为被《劳工标准法》所禁止。第三，个人人权，包括免于因年龄而遭受歧视的权利，应该是职场关系的一部分，职场关系不应只关注利润和效率。最后，如第二章所述，在低出生率、人口快速老龄化的社会，强制退休同促进年长劳动者就业、稳定年长者和/或退休者的收入保障的目标相悖（Kim 1992；Lee 2003）。

韩国法庭已经考虑了一些案例，案例中雇员认为强制退休的政策和做法是非法的。2002 年的一个案例质疑《法院组织法》(the Court Organization Act)规定法官强制退休是否违宪,韩国宪法法院(the Constitutional Court of Korea)裁定法官强制退休并不违宪。法庭给出下列理由:为法官设立退休年龄,是为了保护司法体系的运行,使其不受年长法官下降的脑力和体力影响,同时为了提高工作效率而吸纳新人到司法系统。尽管有科学事实表明脑力和体力下降的程度因人而异,然而如果把何时退休的决定交给法官自己,这将无法保证组织整体的高效性。因为很难评估个人完成工作的能力或老龄化对工作的影响,所以,由立法者为法官设定退休年龄是更合乎逻辑、更可取的选择。

在 2008 年,国民大会起草了《雇佣上禁止年龄歧视及高龄者雇佣促进法》,禁止因为年龄进行就业歧视,该法案 2010 年生效。《雇佣上禁止年龄歧视及高龄者雇佣促进法》是对 1991 年的《高龄者雇佣促进法》(the Aged Employment Promotion Act)的修订,目的是促进老年人就业。《雇佣上禁止年龄歧视及高龄者雇佣促进法》禁止因为年龄直接或间接歧视,规定了一些不属于年龄歧视的例外情况。该法案声称,任何工作场所中对某个年龄段不利的结果,如果是以年龄为标准造成,并没有正当理由,那么就会被视为年龄歧视。

该法案立法过程中最有争议的问题是强制退休是否应被视为年龄歧视而废止。劳工运动支持禁止强制退休,但是企业强烈反对(参见第一章和第六章)。政府认为在当前情况下,很难把强制退休视作年龄歧视,因为资历制度占主导地位。政府继而提议从长远来看,应该用其他方式来提高合同退休年龄(Cho and Lee 2007）。最后，立法者作出裁决，强制退休不应被视为年龄歧视。相应地，《雇佣上禁止年龄歧视及高龄者雇佣促进法》允许雇主在劳动合同和工作制度中设定强制退休年龄，允许劳资协议中包含强制退休的条款。

　　尽管强制退休改革在《雇佣上禁止年龄歧视及高龄者雇佣促进法》制定时未被纳入，但是该法案规定在招聘和雇佣活动中设定年龄限制为非法，而这件事在以前非常普遍。在该法案通过之前，韩国雇主可以随意设定雇员的年龄限制。结果，50岁及以上人群的就业机会严重受限。

强制退休的法律规定

　　因为强制退休被视为工作条件的组成部分之一，所以受到规定了工作条件标准的《劳工标准法》制约。《劳工标准法》制约个人劳动关系，目的是确保工作条件和宪法一致，同时保证提高工人的生活标准。该法案声明，和退休相关的事宜应该在工作单位决定。《雇佣上禁止年龄歧视及高龄者雇佣促进法》设计的初衷是禁止年龄歧视、促进老年人就业，规定雇主在设定退休年龄时，应该尽量设置在60岁及以上。然而，建议只是建议，雇主在法律上没有义务把退休年龄设置在60岁及以上。

　　公务员的退休年龄由法律规定，而对非公务员的雇员来说，是否强制退休、强制退休年龄为多少，都由雇主来决定。然而，如果退休年龄设置明显过低，就业和劳工部长可以依照《雇佣上

禁止年龄歧视及高龄者雇佣促进法》提出行政建议。根据《雇佣
上禁止年龄歧视及高龄者雇佣促进法》，雇员达到 300 及以上的
雇主需要向雇佣劳动部部长提交强制退休年龄执行情况年度报
告，如果退休年龄设置过低，雇佣劳动部部长接下来可以向雇主
提出提高退休年龄的建议。例如，2010 年，雇佣劳动部部长向
712 家企业提出建议，2011 年向 753 家企业提出建议。然而，这
些建议的执行情况会打折扣，因为雇主没有法律义务遵守这些
建议。

　　施行强制退休的企业通常会在工作规则中设置退休年龄，
工作规则的相关条文由雇主来决定，描述了适用于所有雇员的
工作条件。除非雇员个人和雇主签署的雇佣合同规定了比工作
规则中更有利的工作条件，否则都要适用工作规则中的条件。
虽然雇佣合同中明确退休年龄较为罕见，但加入工会的商店经
常在集体协议中确定退休年龄。如果集体协议中为雇员规定的
条件比在工作规则中更为有利，那么以在集体协议中设定的退
休年龄为准，因为工作规则条款不能和集体协议相悖。

　　没有强制退休年龄但希望设置一个的雇主，确实面临一些
法律限制。根据《劳工标准法》，工作规则做出任何对雇员不利
的改变都必须得到雇员团体的许可（如果工会由多数雇员构成，
那么由工会许可，抑或是由大多数雇员许可）。因此，强制退休
的引入需要雇员团体的许可。如果强制退休未经雇员同意即引
入，那么对雇员无效，或不适用于雇员。然而，案例法规定，未经
现有雇员同意引入的强制退休制度，适用于合同强制退休引入

后雇佣的劳动者。和未给出同意意见的现有雇员基础不同,新雇员由于接受公司提供的工作机会,因此被视作同意新政策。

对劳动者团体施行不同的退休年龄政策是被法律禁止的。根据《劳工标准法》,任何雇主都不能因性别、国籍、宗教或社会地位对员工进行歧视。根据《平等就业和工作家庭协调支持法》(the Act on Equal Employment and Support for Work-Family Reconciliation,下称《平等就业法》),雇主在退休年龄、退休和解雇问题上不能进行性别歧视。最高法院在1993年裁定,工作规则和集体协议中基于性别歧视的条款,即男性退休年龄为55岁,女性退休年龄为53岁,违反了《劳工标准法》和《平等就业法》,因此无效。

然而,最高法院在1991年裁定,在统一组织内,因为工种、职级和头衔的不同而退休年龄不同为合法。法庭裁决声明,根据一些合理的标准,如性质、实质和工作实践,即使在同一家单位,退休年龄也可以根据头衔和职级的不同而不同。1996年的一则案例中,电话接线员的退休年龄设置为53岁,而办公室工作人员的退休年龄是58岁,最高法院裁定此案中退休年龄存在的5年时间差是合理的,因为二者所从事的工作不同,电话接线员和其他劳动者的工作强度和工作实践不同。

国家人权委员会在2001年成立,裁决了很多关于强制退休的案子并确立了一个原则,即任何组织如果对不同的人群设置不同的退休年龄,必须作出正当解释。该委员会的理念是:根据职级不同而设置不同退休年龄是不合理的,因为高职级(管理层）劳动者和低职级（一线）劳动者在工作类别上的差异不明确。此外，该委员会声明，很难判断更高职级劳动者的经验和技能比更低职级劳动者更丰富；能够解决晋升瓶颈和组织生产率问题的，是人力资源政策和实践的改革，而不是不同的退休年龄（Cho 2012a）。虽然该委员会的裁决仅仅是以建议的形式给出，但对公共部门的雇主产生了影响。例如，因为该委员会的裁决，政府取消了之前低职级劳动者 58 岁退休，而高职级劳动者 60 岁退休的设定，现在统一调整为所有人 60 岁退休。

如先前所述，根据《劳工标准法》，雇主必须得到雇员团体的首肯才能改变对雇员不利的工作规则，例如降低强制退休年龄。工会可能会在集体协议中和雇主协商改变强制退休的年龄。因此，工会和雇主可能会在集体协议中共同确定降低或者提高退休年龄。根据《工会和劳资关系调整法》（the Trade Union and Labour Relations Adjustment Act），工会成员不应因种族、宗教、性别、年龄、身体条件、职业类别、政党或社会身份而遭到歧视。在一则案例中，雇主同工会协商达成一个集体协议，暂时性地把退休年龄从 60 岁降到 54 岁，使得 22 名雇员基于降低的年龄限制退休。后来，一个新的集体协议达成，退休年龄每年提高一岁，直到 60 岁。最高法院在回顾了该案例之后裁定，通过降低退休年龄来迫使 54 岁及以上的雇员退休是年龄歧视，宣布该协议无效。

为了促进那些就业困难的年长劳动者就业，雇佣劳动部部长可以提供支持给那些采取措施提高工人就业保障的雇主。如果作为这些举措的一部分,退休年龄有所提升,那么雇主和雇员都可以获得国家就业保险计划的财政支持。如果取消强制退休,或把强制退休年龄提高一年或更多直至达到 56 岁或以上,雇主就有资格获得补助。

如果雇主基于特定年龄或者连续工作年限,在劳工代表同意的前提下,实施缩减劳动者工资、延长其退休年龄到 56 岁及以上的制度,那么受影响的劳动者可以获得工资高峰补贴(wage peak subsidy)。该补贴是一项就业保险福利,支付给那些因提高退休年龄而遭受降薪的劳动者。它的设计初衷是鼓励劳资双方就提高退休年龄达成一致。工资高峰制(wage peak system)在 2006 年引入,目的是解决资历制度导致延迟退休年龄受阻这一情况。工资高峰制规定劳动者在达到一定年龄后要遭受减薪,而对于这是否构成年龄歧视,存在截然不同的观点。另一方面,那些认为该制度不构成年龄歧视的人认为,工资高峰制对劳动者造成的任何不利影响都因同一雇主对其工作年限的延长而被抵消了。

强制退休确保了在没有其他特殊原因的情况下,劳动者可以保持就业到某个特定的年龄。然而,也有在强制退休前遭遇解雇的可能,强制退休并不一定意味着有权被雇佣到退休年龄(Cho 2012b)。就算退休年龄得以提高,但如果允许因年龄而解雇职员,那么延迟退休将变得毫无意义,因为年长的雇员随时可能会因为年龄而被解雇。在这方面,一个特殊的问题是出于经济原因解雇相对年长的劳动者是否合法。

根据《劳工标准法》，雇主出于经济原因解雇员工要基于理性、公平的标准。在《雇佣上禁止年龄歧视及高龄者雇佣促进法》制定之前的一则案例中，银行出于经济原因辞退员工，最高法院在2002年作出裁决：辞退在组织职位等级中占据较高位置的年长劳动者、工龄长的劳动者，或者表现不佳的劳动者，这些都是公平、合理的。最高法院认为：银行与其工会共同制定标准，解雇职位等级高、工资更高的劳动者，或者工龄更长的劳动者，减少了要辞退的劳动者的总量。此外，考虑到尽快圆满完成组织变动的重要性，过于关注劳动者个人的私人情况并不可取。

以上提及的裁决受到劳动法学者批评，因为这允许雇主因为年龄或者和年龄紧密相关的要素而解雇劳动者。《雇佣上禁止年龄歧视及高龄者雇佣促进法》生效后，在目前的情况下，这一裁决更难以接受。根据《雇佣上禁止年龄歧视及高龄者雇佣促进法》，因为年龄解雇雇员，或使用无正当理由的标准给某个年龄段的人带来不利结果，将被视为年龄歧视。

雇主可以选择重新雇佣退休劳动者，在一些行业、一些雇主那里，这种做法较普遍。因为这要求签署新的劳动合同，雇主可以设定不同于劳动者退休前的报酬标准。换句话说，雇主重新雇用相同的劳动者来做相同的工作，但是支付的报酬更少，同时也限制了他们领取就业福利的资格。重新雇用退休劳动者使雇主可以利用年长劳动者的技能和经验，同时还减少了劳动力成本（Kim 2006）。在这个意义上来说，重新雇用退休劳动者是一种有效提高退休年龄同时执行工资削减的有力工具。然而，再就业措施由雇主全权决定，即雇主对重新雇用谁、雇用多久、支付多少报酬完全说了算。

再就业目前得到公共政策的鼓励。例如，如果雇主设定了57岁及以上的退休年龄，在劳动者到了退休年龄后继续雇用，或者在雇员达到退休年龄、离开工作三个月内雇用他，雇主就会得到补贴。如果雇主采用的退休年龄为57岁及以上，重新雇用了达到退休年龄的人超过一年，那么劳动者就可以得到工资高峰补贴。

多数情况下，再就业是基于定期雇佣合同（fixed-term employment contract）。根据《定期和兼职雇员保护法》（Act on the Protection of Fixed-Term and Part-Time Employees），雇主不应因为雇员的雇佣身份而歧视定期雇佣合同雇员，不能把他们和企业里或者相关工作领域其他从事相同或相似工作的非定期雇佣合同的劳动者进行比较。国家劳动关系委员会（National Labour Relations Commission）负责处理对临时（合同）工的歧视性工作行为相关的投诉，该委员会最近进行了一些讨论，议题是对重新雇用的退休人员，支付比从事相同或者相似工作的非定期雇员更低的定期合同工资，是否具有歧视性。该委员会成员对此事的观点明显存在冲突：一方认为退休后重新就业是歧视，因为在工资上对定期合同雇员的歧视没有正当理由。另一方认为这不是歧视，因为支付更低工资实现了促进退休劳动者就业的目的。因为这种分歧，国家劳动关系委员会目前采取的立场是重新就业实际上不是歧视。

建　议

主要发达国家都已起草了法律以禁止年龄歧视、禁止强制退休，抑或执行某项政策将退休年龄设在一定年龄以上（Lahey 2010）。在美国，《就业年龄歧视法》禁止强制退休。英国过去允许在65岁及以上年龄强制退休，在2011年10月修正了法律，禁止这种做法。日本在1994年把60岁及以上强制退休合法化，此后鼓励雇主提高退休年龄到65岁或者废除强制退休（见第八章和第十章）。

韩国没有法定退休年龄，正如本章所讨论的，对于雇主施行合同强制退休没有什么限制。几十年来，私营部门的劳动者平均退休年龄在55岁左右。虽然政府采取了一系列措施来促进退休年龄的延迟，但企业并不愿意主动提高退休年龄。韩国正遭受低生育率和人口快速老龄化，而领取公共养老金的资格年龄正逐渐提高到65岁。所有这些因素对和强制退休有关的法律制度的改变施加了压力。

尽管企业界和一些学者反对用立法来提高合同约定强制退休年龄（Kim 2004），但相反的观点最近更被广为接受。目前最可行的替代方案是通过修正《雇佣上禁止年龄歧视及高龄者雇佣促进法》的第19条，要求施行合同强制退休的企业把年龄设置在60岁及以上。这是卢武铉政府（2003—2008）的提议，是劳动部的长期目标。在 2012 年 12 月总统大选期间,最终的胜者朴槿惠也提倡该政策(见第一章)。对《雇佣上禁止年龄歧视及高龄者雇佣促进法》进行修正,可以让政府弥合或者缩小合同约定退休年龄和公共养老金领取年龄之间的差距。提高退休年龄的挑战在于政府如何说服商界。

一些学者建议禁止年龄歧视,他们说应该修正《雇佣上禁止年龄歧视及高龄者雇佣促进法》,强制退休应该被解读为构成年龄歧视,这将有效禁止强制退休。然而,考虑到当前强制退休年龄主要设置在 60 岁以下,而《雇佣上禁止年龄歧视及高龄者雇佣促进法》并不把强制退休视为构成年龄歧视,在没有延迟退休的中间措施的情况下,禁止强制退休可能过于草率,因为这样做没有充分考虑到当前的商业惯例。

延迟强制退休年龄是否能在韩国获得令人满意的结果是个疑问,因为现在很多私营部门的雇员在 53 岁之前就因为解雇和辞职而离开工作。然而,这个问题需要通过对禁止在强制退休年龄前辞退或者辞职进行充分监管来解决,而不是反对将强制退休年龄延迟至 60 岁或以上的适当理由。

罔顾企业的性质和规模以及工作表现,整齐划一地执行退休年龄延迟可能会阻碍企业的正常运作。在执行退休相关政策的时候要寻求恰当的平衡来确保企业平稳运行,例如,要考虑一些例外情况,如小企业,还有一些工作的性质,如抬重物,会使提高强制退休年龄失当。韩国引进的工作场所法规经常要考虑企业的规模,立法通常先在更大的企业生效,之后才扩大到小企业

（见第三章）。例如，《劳工标准法》执行的工作条件最低标准最初只在有 5 名及以上雇员的企业施行，后来在 1999 年扩大到所有企业。

根据现在的《雇佣上禁止年龄歧视及高龄者雇佣促进法》，在就业合同、工作规则和集体协议中或者其他依照该法案或其他法案确立的退休年龄，不被视为年龄歧视。如果修正《雇佣上禁止年龄歧视及高龄者雇佣促进法》，把退休年龄设置在 60 岁及以上，那么在就业合同、工作规则和劳资协议中规定在 60 岁及以上强制退休就不会被视为年龄歧视，因为退休年龄的安排符合该法案。另一方面，在 60 岁以下强制退休毫无例外将会被禁止。目前，《雇佣上禁止年龄歧视及高龄者雇佣促进法》声明，在部分情况下，考虑到不被视作年龄歧视的工作职责的特征，不可避免地需要设立一定的年龄限制。如果雇主能证明因考虑到需要完成的任务的性质，某种工作要求退休年龄在 60 岁以下，这种做法是允许的，因为这不被视作年龄歧视。

决定 60 岁以下退休是否合法的一个重要因素，是建立明确的标准，对其必要性作出法律解读。这个标准应该明确、有效，否则会被那些想方设法避免让工人工作到 60 岁的雇主钻了空子。例如，如果立法者给从事涉及他人健康或安全工作的劳动者设立较低的退休年龄，那么在职业要求中要确立明确的标准。

一些观察家认为，因为强制退休在当前资历制度下的运作差强人意，这种做法应该保持不变，退休年龄只有在引进工资高峰制后才应该提高（Jang et al. 2004）。然而，引进工资高峰制是需要劳资双方共同商议的问题，而不能由立法强制规定。工资高峰制会给劳动者带来劣势，因为这种制度允许劳动者到了规定年龄后薪酬下降。如果把工资高峰制作为前提条件，那么任何想提高退休年龄的举措都很可能遭到延迟。尽管政府最好为改善工资制度和引进工资高峰制提供支持，但是那些问题应该在强制退休问题之外独立处理。

很显然，人的知识、技能和能力各不相同，同龄人不见得有相同或相似水准的技能或能力，年长的雇员可能在工作表现上胜过年轻的雇员。然而，很难否认，总体来说随着年龄的增长，人会失去一些脑力和体力，虽然不太清楚多数劳动者技能的下降发生在什么时候。因此，雇主应该给55岁及以上的劳动者提供充分的教育培训，以便于他们能够保持和提高工作技能。

结　论

在韩国社会，几十年来，合同强制退休一直是劳动和职场关系领域的制度特征。劳动者希望为同一雇主工作到退休，经常加班。强制退休被视为支持终生就业的制度，而事实上，它确实也发挥着这样的作用。因为这些积极方面，对强制退休进行干涉和调整的尝试都遭到阻碍。20世纪90年代开始，重组和下岗成为韩国企业文化不容否认的一部分，终生就业不再能得到保证。随着这些变化，雇员开始改变对强制退休的看法，对改革的呼声越来越高。实际上，当立法者制定《就业年龄歧视法》时，他们有机会彻底修正合同强制退休制度，但是他们未能抓住这个机遇。

强制退休及其改革已经是个政治热点问题，公众，尤其是很多三四十岁的劳动者，对变革抱有很高的期望。目前还不清楚合同强制退休年龄是否会被提高，如果提高，也不清楚会以什么样的方式提高到什么年龄。现在，通过立法将强制退休年龄设置在 60 岁或者甚至超过 60 岁是非常有可能的，尽管也存在很多限制和例外情况。

参考文献

Cho，Y.（2012a）'A Legal Study on the Cases of Employment Discrimination Remedy of the NHRCK'（《韩国国家人权委员会就业歧视救济案件的法律研究》），*Quarterly Journal of Labor Policy*（《劳工政策季刊》）12(1)：87 - 113.

——（2012b）'A Study on the Validity of Collective Agreements including Working Conditions less favorable to Employees'（《包括对员工不利的工作条件在内的集体协议的有效性研究》），*Labor Law Review*（《劳动法评论》）32：111 - 155.

Cho，Y. and I. Lee（2007）*Analysis on Social and Economic Implications of a Measure to Ban Age Discrimination and Ways to Introduce*（《禁止年龄歧视措施的社会经济影响及实施途径分析》），Seoul：

Ministry of Labour.

Im, J. (2012) *Labour Law*(《劳动法》), Seoul: Pakyoungsa.

Jang, J., Kim, D., Shin, D., Cho, J., Cho, Y., and J. Kim (2004) *Labour Market and Employment Policy in the Aging Society (Ⅱ)* (《老龄化社会的劳动力市场与就业政策（2）》), Seoul: Korea Labor Institute.

Keum, J. (2012) 'Changing Environments of the Labor Market and Need to Raise Retirement Age'(《劳动力市场环境的变化与提高退休年龄的需要》), paper presented at Korea Labor Institute Conference on Raising Mandatory Retirement Age, Seoul, May.

Kim, H. (2012) *Labour Law*(《劳动法》), Seoul: Pakyoungsa.

Kim, S. (2006) *Challenges in the Labour Law in Aging Society*(《老龄化社会劳动法的挑战》), Seoul: Korea Labour Institute.

Kim, Y. (1992) 'Significance and Legal Issues of Mandatory Retirement'(《强制退休的意义与法律问题》), *Seoul Law Journal*(《首尔法律杂志》), 33(2): 79 - 92.

Kim, Y-M. (2004) *Ways to Improve the Legal System to Prepare for the Aging Society and to Encourage Employment of the Aged Worker*(《为应对老龄化社会和鼓励老年劳动者就业而完善法律制度的途径》), Seoul: Korea Legislation Research Institute.

Lee, C. (2003) 'Mandatory Retirement'(《强制退休》), in Korea Legislation Research Institute (ed.) *Employment of the Aged and Legal Challenges of Mandatory Retirement*(《老年人就业与强制退休的法律挑战》), Seoul: Korea Legislation Research Institute.

第五章 | 韩国女性和退休

梁允祯,郑顺艺①

引 言

关于女性退休有个一致发现:在确定退休时机的问题上,女性对家庭情况的考虑比男性更多,尤其是对于照顾的责任。从这个意义上来说,女性的强制退休通常不是由雇主来决定,而是由女性的处境所决定。女权主义学者指出,对退休的传统理解的失败之处是,没有考虑女性退休在文化和个人方面的多维性质(Price 1998;Richardson 1999)。理查森(Richardson)认为,在理解女性退休的问题时必须认识到女性的多重角色——妻子、母亲、成年女儿,以及劳动者。

女权主义者分析认为,女性家庭角色和工作角色之间的转换是女性退休和男性退休的区别,这两个角色是性别和老龄化问题交叠的中心(Han 2008;Moen et al. 2001;并请参看 Noone et al. 2010)。换句话说,要理解女性退休问题,不仅必须考虑到她们的家庭和工作环境,也要考虑具体的文化环境。因为家庭责

---

① 郑顺艺为首尔梨花女子大学社会福利研究生院教授。研究方向是老龄化家庭、成功老龄化、老年人个案管理实践和实证型社会工作实践。

任,例如照顾患病或残疾的家庭成员,而不得不离开有偿工作,或者让自己的退休时间和丈夫的退休时间一致,并不是女性想要的,很多女权主义学者强调这会对女性未来生活的满意度造成负面影响(Arber and Ginn 1995；Brody 1990；Hatch and Thompson 1992；Matthews and Campbell 1995；Szinovacz 1987)。

　　然而,目前多数对女性和退休问题的研究都主要基于西方的案例,对不同文化提供的信息不多,遑论对韩国这样性别不平等较严重的社会有什么启示了。以家庭为中心的文化经常要求老年女性在劳动力市场上从事有偿工作期间及退职后无偿照料家庭。在今天的韩国,对女性退休发展趋势的理解一定要放在文化环境中,尤其是要考虑到儒家文化的影响。韩国当下60多岁的女性出生于1945年国家独立前后,在20世纪60年代国家经济发展时期建立家庭,那个时候国家处于建设时期,男性要为社会经济发展建设冲锋陷阵,女性则要照顾家庭和抚养下一代(Kim, Y. 2004；Park 1999)。因此,要从这个环境条件下去认识现在即将退休的女性的问题,即她们是在这样一种性别角色划分中长大,被内化为一种儒家专制文化。总而言之,本章分析与韩国女性照料家庭责任相关的工作和退休问题的动态发展变化,更多关注亲子关系而非夫妻关系。从某些女性的视角来看,为了照顾家人而退休不见得是坏事。

　　本研究主要基于对韩国退休女性的深度访谈,历时一年,从2007年10月持续到2008年10月。本章所采用的样本取自一个更大规模的关注老年人工作情况的研究,该研究既包括男性也包括女性。当前研究采用了其中一部分女性参与者的数据，对定性数据进行了重新分析，主要关注女性退休问题。对参与者的选择基于目的/理论抽样的基础（Corbin and Strauss 2008；Ritchie et al. 2003），仅限于退休人士，也就是说至少在50多岁或更晚离开职场的人。正如前面章节所述，韩国人会在相对较年轻的年龄，即55岁左右面对第一轮退休，从他们的职业生涯中离开（Phang et al. 2004：60）。

　　合计15名女性接受了访谈，主要通过联系老年人中心、滚雪球式互相介绍、个人联络等方式召集而来。参与者年龄在50大几岁到60岁，教育水平从小学到研究生不等，工作经历也各不相同，包括教师、工厂和小作坊临时工、家政、理发店和洗车店老板、餐厅经理及其他。样本仅限于自述身体健康，可以进行有偿或者无偿工作劳动的人。参与者既包括永久退休者，也包括退休后找了临时工作的人。这符合我们对退休的理解，即退休是个过程而不是一次性事件（Guillemard and van Gunsteren 1991）。大约半数样本和她们的成年子女一起生活，另一半是夫妻生活在一起，还有两位是独居。

　　我们使用了一个整体的主题指南：议题包括与过去的工作及现在的工作（如果有的话）有关的问题、退休规划和过程、无偿劳动和其他活动等。不过，参与者总体上可以畅所欲言。多数访谈持续一到两个小时，每段访谈都以原语言即韩语进行了录音和转写，然后将其翻译成英语，以在此呈现数据。基于扎根理论的方法，我们对事先确定的关键问题和呈现的主题进行了研究（Corbin and Strauss 2008）。为了克服定性研究的轶事性质、提高研究的可信度和有效性，我们运用了分析归纳法、持续比较法和综合数据处理方法（Silverman 2005）。此外，本研究的两位作者在理解和诠释数据时进行了持续的探讨和互相验证。

儒家文化下的女性工作与退休

在儒家文化社会中，家庭是重要的社会单位，是经济发展的基础。在现代非儒家文化中，个人被视为具有权利的、自由、独立的主体，而在儒家文化中，这种意义上的个性化的个人是不存在的。个人在儒家文化中是"家庭中的个人"，是所属家庭的附属单位（Kim，D. 2002；Paik 2008）。在这种环境下，为了家庭关系和角色，即在家庭单位中的义务和责任，个人的个性、特权或者权利都被压制。这种文化中男女被赋予了具体的分工：男人挣钱养家，女人照顾家庭。传统上，这种文化中的女性被要求待在家里，经济上持续依赖男性。儒家文化中基于传统性别角色的理想女性身份由两部分组成：贤妻和良母（Cho 1995）。这可以用我们一位研究对象的话来概括："男人必须出去赚钱，女人不必。"同样，这也体现在下文中所说的对孩子的责任感，我们称之为"家长的责任"。

根据性别进行劳动分工——男人在外面劳动，女人留在家里——对这代人来说很明确。然而，也有一些例外情况，比如家庭条件不好迫使一些女性去赚额外的收入来养家，换句话说，如果丈夫不能赚到足够的钱养家，传统的男人养家的模式就遭到了破坏。事实上，在这种情况下，女性通常会提及丈夫的不称职，认为那是她们开始在外面工作的原因。女性典型的评论包括："家庭要是经济稳定，女人为什么要出去工作？她们出去是为了帮助老公。""我丈夫生意失败后我才开始工作，在那之前，我在家里。他生意好的时候我从来没工作过。"

然而，即使女性需要工作赚钱，料理家务仍然是她们的责任。在这种情况下，女性用了各种各样的方法来满足既要赚钱又要扮演传统角色的需求。她们采用各种方法，包括在家办公、从事时间上相对灵活的工作如销售、在孩子到一定年龄后工作，一般是孩子上小学，即七八岁的年纪后。后面的方法意味着因为婚姻、生育和抚育孩子，女性的职业几乎至少要中断 10 年。有些女性在 40 多岁才得到自己的第一份工作，对于一些女性来说，回归职场非常困难，需要超乎寻常的努力。

很多参与者说她们工作的根本原因是为了给孩子的教育提供经济支持。无论男性还是女性都非常重视教育，这是儒家文化的另一个特征。实际上，她们听起来似乎整个生活的目的就是照顾孩子一生。那些能够为孩子提供充分的教育机会、昂贵的结婚仪式的女性会表达出自豪感，而那些不能履行这些"家长责任"的女性则表达出悲伤。一位女性说：

> 我工作的原因是为了尽到父母的责任，孩子向我要 100 块的时候，我给他们 200 块。看到他们开心是我的幸福。

我可以和他们说我只有 50 块,把省下来的 50 块留给自己用,但是我不想做这样的父母。为什么? 因为我想让他们觉得自己有个伟大的母亲。不然,我为什么要工作?

(研究对象 2,61 岁,退休的公共日托中心负责人)

以孩子为中心的生活在这一代女性中很平常,一些人为了子女的教育特意搬到首尔,有一些人甚至放弃了自己在故乡做得很好的生意而重新白手起家,在大城市中举目无亲,仅仅因为她们相信大城市会给他们的子女提供更好的教育机会。从访谈中可以得知,多数父母认为必须把孩子送到大学。然而,私立大学教育的学费高昂,这意味着一些父母不得不更努力地工作、工作更久,有时候甚至拿出自己的退休金来付学费。对孩子教育的投资是韩国多数父母最大的经济负担,有研究发现,接受高等教育的孩子的数量和父母退休后决定工作的情况呈正相关(Kweon 1996)。

对于很多韩国父母来说,确保孩子完成高等教育并不意味着父母责任的终结,相反,父母理所当然地认为只有这些"孩子"结婚、成家,变成了独立的"成年人"后,他们的责任才结束。结果,花钱办昂贵的结婚仪式、给孩子安排独立的房子,或租或买,也被看作父母的责任。一位女性回忆说:

我把自己的一次性退休金福利花在了孩子们的婚礼上,他们成家早,还没开始自己赚钱,所以,我能怎么办呢? 我得出钱啊,但是我不责备他们,因为我觉得这是父母的责任。

（研究对象 15,59 岁,退休的百货商店售货员,
现为长期患病人员提供有偿护理工作）

婚姻和新家庭的形成并未终结父母的角色,母亲们继续照顾已经成年的子女,然后是孙辈,本章后面有述。

访谈数据清楚地表明,年长父母的贡献无论是在经济方面还是别的方面都仍然很大,尤其要是他们和成年的子女一起生活,不管子女是单身还是已经成家。祖父母和已婚子女共同生活的三代同堂的家庭,往往意味着几代人在经济条件和人力方面的资源共用。这意味着,在很多多代家庭,尤其那些孩子未婚的家庭,年长的父母仍然要在房租、生活成本方面资助子女,最重要的是,年长的母亲仍然是主要提供生活照料的人。

对那些已经退休不工作的母亲来说,免费照顾孙辈是很自然的事。有一些年长的女性说他们不愿意再找一份工作,因为她们很快就要有孙辈了。一位女性说：

> 我的儿子和儿媳两个人都工作。要是他们对我说:"妈妈,因为孩子我们无法工作。请在家照顾孩子吧。"那么,我能说什么呢？年轻人要生存,妈妈必须帮助他们,不是这样吗？所以,我现在不能开始工作,因为他们很快就有孩子了。

（研究对象 7,57 岁,前家政工作者）

很多还在工作的老年女性说,如果需要,她们愿意承担起照料的责任。正如一位研究对象所总结的那样:"照看孩子的全部都是姥姥和奶奶。"换句话说,从带薪工作上退休不意味着从劳动中退休,因为她们还有照顾大家庭的责任。女性自身也会把照顾家庭的责任放在优先于带薪工作的位置。在几个案例中,她们即使需要额外的收入,也会牺牲工作机会来照顾孙辈,为孩子提供方便。

当家庭不再需要她们为照顾家庭贡献劳动时,很多女性会经历失落感和无意义感。正如一位女性解释的:

> 你知道,所谓的"角色丧失"(role loss)。我之前的生活就是照顾我儿子,他现在已经成年,是我的监护人。对于我的成年子女来说,我已经没用了。让我们面对吧,他们不再需要我的劳动了,是吧?现在我不知道自己该做点什么。
>
> (研究对象 10,61 岁,前室内装修领班)

舒服退休的条件

关于女性退休问题的早期研究关注的主要是退休满意度和退休调整,很多因素都非常重要,包括退休后的婚姻状态(Price and Joo 2005)、先前的职业身份(Price and Dean 2009)、退休收入(Quick and Moen 1998;Seccombe and Lee 1986),以及社交网络和支持(Krause 2001;Moen et al. 2000;Reeves and Darville 1994)。在我们的研究中,有两个突出的、尤为重要的因素:财务准备和填补退休时间的活动。很多退休女性在退休后经历收入下降，原因很多，包括工作收入中长期存在的性别不平等、因为照料家人而经常停止工作、退休政策方面存在歧视女性的制度性不平等（Richardson 1999：54－57）。退休人员是否有合理的养老金是决定他们退休满意程度的重要因素。那些养老金不足的人实际上别无选择，只能返回劳动力市场（Yang 2011）。融入社会活动（无论是有偿还是无偿的工作）、发挥社会作用、建立和别人的联系，这些都是决定退休满意度的重要条件。

参考以前的研究，这两个因素并非令人惊讶的发现。此外，它们也不仅限于女性。第三个因素，我们称之为"父母责任"。这为现有文献提供了新知识，尤其适用于快速工业化和现代化的社会。在劳动力按照性别分工的背景下，女性总体来说不把工作或者赚钱看作主要责任。当停止工作的时机来临，和男性不同，通常老年女性会愿意全职退休，即使这样做她们不开心。这与男性形成对比，他们通常愿意让工作成为日常生活的中心并拥有收入。女性一旦完成"父母责任"，通常是指当她们的子女已经完成高等教育，并且多数情况下即将成家，她们一般就愿意完全退出劳动力市场。事实上，正如理查森（1999：52）正确指出的那样，退休"最终是一个主观概念，既包括个人的，也包括客观的指标"。为另外两个因素——退休后的经济活动和日常活动——作好准备，那样退休生活就会是健康的、独立的，这也可以理解为"父母责任"的一部分，因为不这样的话，她们就会成为子女的负担。我们将依次讨论这三个条件。

经济方面

> 你必须有自己的可支配定期收入，那是想拥有满意的退休生活最重要的因素，有钱了就一切静好……我可以给子女钱，我自己也有钱。我可以有足够的钱花，不必去工作挣钱。所以，我生活得很平静。
>
> （研究对象 11,62 岁，前个体经营理发师）

在本文撰写期间即 2011 年，最新调查报告说大约 41% 的访谈对象称，对 60 岁及以上的老年人来说，"经济困难"是最严峻的困难（韩国统计局［Statistics Korea］,2011）。根据 2009 年的另一项调查，不到 40% 的 65 岁及以上老年人说他们为晚年生活作好了经济准备，大约 30% 的人说国民养老金计划是他们老年收入的主要保障（Kang and Moon 2011:373）。然而，2010 年的国民养老金数据显示，只有大约 22% 的 60 岁及以上老年女性受益于某种形式的国民养老金，包括足额和早期养老金、残疾或遗属养老金，而 60 岁及以上男性有一半的人领取国民养老金。正如第三章所述，国民养老金计划始于 1988 年，从 2008 年开始支付足额养老金。该养老金计划认为没有养老金领取资格的女性可以分享她们丈夫的养老金，如果丈夫有的话。

就老年的生活费用而言，男性的养老金或遣散费是仅次于就业或商业收入的第二大收入来源，与之相比，更多的女性说她们主要依赖财富收入（13.4% 对 11.6%）或储蓄（11.4% 对

7.1%)（韩国统计局，2011）。事实上，在我们的访谈中，很多真正过得舒服的退休者，是那些通过较高的职业养老金或者定期收取房租或有其他投资来获得老年时期收入的人。在几个案例中，她们有未婚成年子女，但是，她们给孩子未来的婚礼花费单独准备了足够的钱。一位前擦车工骄傲地说起她在多年辛苦劳动后决定退休，设法保持内心和生活的平静：

> 我有积蓄，可以获得利息，工作的时候买了一栋小房子，现在可以收租金，我现在每月自己有 150 万韩元……这相当于是我的工资，我觉得这些足够了。
>
> （研究对象 12，69 岁，前擦车工）

从访谈中我们可以发现，只有拥有体面的养老金和退休福利，或者其他能实现同样目的的机制，才能促使老年人永久离开劳动力市场，这也是过上满意的退休生活的重要条件。

那么，如果没有养老金，又有什么办法来维持生活水平呢？他们不得不工作。正如以下评论所示："最差的情况是，我不得不继续工作，干什么都可以，我不得不继续工作来维持生计。"或者"当老年人说'我们不必为了钱工作'，那是谎言……要是我有钱，我不太清楚，我可能就不会找工作……我名下一无所有，我必须得工作！"在最开始退休，有时候是强迫退休后回到劳动力市场，往往意味着接受低质量或者低收入的工作，这些工作不能提供稳定的收入保障（Yang 2011）。而且，很多年长女性仍旧为家族企业工作，经常没有明确的收入；60 岁及以上老年女性中,大约23%仍活跃在劳动力市场,她们中差不多40%的人在家族企业中工作,且没有被申报为有收入人群(韩国统计局,2010)。有一些不情愿依靠成年子女的年长女性会这样说:"如果没办法的话,我们还有子女。我们的儿子会照顾我们的。"事实上,有41%的女性报告说她们依靠子女或亲戚来获得生活费,这个比例超过男性的两倍,达到20.3%(韩国统计局,2011)。但是多数女性把这看成实在没有能力时候的办法,以下引文能形象地说明这一点:"我们没钱,还找不到工作怎么办? 我们只能向子女求助。我们不想这么干,我们想到死都靠自己活着。"

其余没有这些选择的女性,最终不得不靠政府援助生活。事实上,截至2010年,超过7%的60岁及以上女性——同样差不多是男性的两倍——依靠基本生计公共援助计划(the basic livelihood public support scheme)生活(保健福祉部[Ministry of Health and Welfare],2010)。当前,老一辈女性的经济状况可以总结如下:首先,虽然国民养老金是现今韩国主要的老年收入保障,但她们不是国民养老金的主要受益人。其次,她们工作赚钱没有男性那么活跃。最后,即使是那些工作的老年女性,也往往是没有收入的家族企业劳动者。

活动

　　我退休了以后该怎么办呢? 我考虑接下来怎么办,计划健身等等。是的,我开始在不同健身中心健身。朋友和我说,我疯了。他们认为退休后应该去购物和享受生活等等,但是我不这么想。

（研究对象 12,69 岁,前擦车工）

这位退休后非常快乐的女性保持着一种满意的生活状态,不仅仅因为她有钱,还因为她规划自己的生活,用活动把每天的生活填满,包括定期健身、经常参加终身课程、在当地的老年中心做志愿者。她的例子说明,不仅仅在经济方面,在日常活动方面为退休生活作好准备也是非常重要的。

这里要提到早期老龄化理论,包括活动理论（Havighurst and Albrecht 1953；Havighurst 1961）、持续理论（Atchley 1971,1989）、社会能力衰退与胜任力理论（Kuypers and Bengtson 1973）中的一个关键词"角色丧失"。这些理论主要关注的是随着衰老的发展,尤其是向退休过渡的阶段,角色和/或身份的丧失。当前研究发现,对于在老年生活中维持自尊,继而找到满足感起到重要作用的,不一定和这些人是否能够继续进行中年阶段的活动有关。重要的是如果没有在退休前作好准备,退休后老年人是否能够找到让自己充实度过余生每一天的活动,而这些不需要与中年时期从事的活动相同。

本研究的一些参与者认为她们的退休活动是继续从事有偿工作。她们是工作导向的人群,她们说不管是因为失业还是因为退休,如果自己持续不工作的状态就会抑郁。一些人在离开自己的职业后,成功地为第二份工作（也叫临时工作）作好准备。尽管很努力,但那些以工作为导向的人如果没能成功找到工作,她们就会非常不满意退休生活(Yang 2012)。对她们中的很多人来说,回归工作只是部分出于经济需要。

还有一些人,她们可能生活富足,但还是要履行做父母的责任,会为了子女的心理幸福感继续工作。她们认为,在老年阶段找到实现自我的活动是拥有满意的退休生活和保证子女心理幸福感的重要前提条件。正如一位研究对象所说:

> 至少我不是勉强糊口,我不担心这个。我的丈夫已经去世了,但是我的子女很关心我。我目前关心的是如何充实过好每一天,直到我"离开"[去世],那是我唯一担心的。[当其他老人因担忧生活而痛苦的时候,]我要是为这个哭泣,我就应该受罚了。为了孩子,我应该忍受这一点[,这样他们就不会担忧他们的老母亲自己生活]。

> (研究对象 10,61 岁,前室内装修领班)

父母责任

年长父母只有在感觉自己作为父母的责任都完成了——至少子女都接受了教育、结了婚,才会享受平静的退休生活。这种对子女强烈的责任感只能用文化去解释。无论那意味着什么,老父亲老母亲都会觉得自己有责任和义务抓紧完成责任,这主要通过继续工作赚钱来实现。很多研究参与者确实提到她们的工作动机是"完成父母的责任"或者"做慷慨大方的父母"。一位退休后过着快乐生活的发型师说,她不再工作是因为她最小的女儿开始自己赚钱。她感觉自己一旦完成了子女教育的责任，她的工作理由就消失了，孩子们长大了，可以独立过自己的生活了。

在其他案例中，如果家长没有完成这些责任，那么她们感觉需要继续工作：保持"失业"状态而非退休。在这样的案例中，有偿工作对她们来说是一种为父母责任买单的方式，而不是为了个人的成就感。这种动机还包含着她们的担忧：她们担心自己以后可能会依靠子女。有一位老人总结说：

> 父母应该有给子女金钱的能力，即使不是定期给，也至少在孩子需要的时候给。我应该做点事情[来赚钱]，我不能待在家[而不去工作赚钱]……我们的孩子还要安顿下来，还要结婚。

> （研究对象 5，54 岁，前手工编织工）

这就是为什么这位母亲不把自己看作"退休人员"，而是看作"失业人员"，但是她没有积极地找工作，因为她了解老年求职者面对的结构性限制（Yang 2012）。另一位参与者说她未婚的儿子是她工作的原因之一。她骄傲地说无论成年子女什么时候向她要钱，她都可以给他们，她的工作使她可以做这样慷慨的家长。一位前百货商店售货员的第二份工作是给长期患病的人做私人护工，她把第二份工作看作偿还为儿子婚礼所欠下的债的方法。她不得不停止储蓄，甚至把自己的养老金和保险金都提取出来，以偿还儿子婚礼的钱，以及支付他为开启新生活而租住的公寓的租金。她认为这是"父母责任"的一部分,不想把压力转给儿子,就这样,她找了第二份工作。

保持独立是工作的一个重要动机,这是这一代老年人提出的一个共同担忧。一位尚在工作的参与者说,她的孩子们生活相当稳定,也过得很好,但是"那是他们的生活,我需要照顾好自己的生活"。她接着说,她工作是为了给孩子们留下些钱作为遗产。"如果我把赚的钱都花光了,我会后悔。我应该在死后给孩子们留下些东西,是不是?"

对子女的关爱不仅仅是物质意义上的,也包括照顾孩子的心理幸福感,照顾孙辈是重要的照顾责任。为了避免不便,有能力这样做的富裕退休者会选择在自己的住宅里活到去世,而不是在成年子女的家里。一位参与者正计划着搬到自己最好的一位朋友的隔壁,她解释道:"他们[成年子女]会感觉自在一些,不必照顾我,可以把精力放在自己的孩子身上。为了这个,我要给他们看一看,我和我的朋友们在一起过得很好。"从访谈中我们能清楚地看到,如果那些退休的母亲觉得自己对子女的责任没有完成,她们是不会安心退休的。

女性退休的复杂性

利用本研究中的女性叙事,下表 5.1 总结了退休女性在以家庭为中心的视角下的需求。对于这样的女性而言,是否完成了做母亲的责任是其是否准备好退休的前提条件,而退休的质量取决于她在老年是否能获得固定收入（例如养老金）、是否找到能填充时间的活动——包括但不限于有偿劳动——这些会帮助她感到满意、充实。表5.1中前四行的案例中，女性主观评价自己完成了父母责任，而后三行没有。

理想的"快乐"退休者是那些能满足所有这三方面条件的人（类型一）。在我们的案例中，一位前擦车工人属于这一类：（1）她感觉自己完成了作为母亲的责任，把所有孩子都送进了大学，一直帮助他们直到他们开始独立赚钱。她也认为（2）为数不多的养老金和房产固定收入足够她在未来日子里的花销，而且（3）她经常光顾当地一家老人福利中心，去上免费课程，并志愿成为中心的一位重要员工，虽然没有任何报酬。她感觉很骄傲，通过这样的活动和认可，她感觉自己完全融入了社区。

表 5.1　退休女性各种需求和建议政策[1]

类型	退休状态描述	父母责任	退休准备		建议政策
			收入	活动[2]	
一	"快乐"	是	是	是	无
二	"必须工作"	是	否	是	老年基本收入
三	"不知道干什么"	是	是	否	体面的工作机会或者其他活动；为退休准备所做的公共教育（活动范围）
四	"我一无所有"	是	否	否	二+三

续表

类型	退休状态描述	父母责任	退休准备		建议政策
			收入	活动[2]	
五	"欢迎,但是……"	否	是	是(除照顾他人以外)	如果有要求,提供照顾子女或者孙辈的支持
六	"痛苦"	否	否	是	二+五
七	"快乐地照顾家庭"	否	是	是,照顾家庭	无

注:1. 从表格中,我们可以想象到在一些案例中,这三种条件都无法得到满足。这些案例被从表格中删除,因为我们认为这些案例在退休研究中无法得到正确的理解。事实上,我们研究中有一个案例属于这种情况,我们认为她还没有退休,而是处于其职业生涯的一个过渡阶段。

2. 这里的"活动"指的是有偿劳动以外的活动。

类型二到类型四的案例中,女性认为她们"是为了孩子,而不是为了[她们自己]"。她们"对自己的退休准备不足"主要是出于和孩子相关的因素。典型的原因分成以下三种:"因为我工作的时候把每一分钱都花在了孩子身上,所以我不得不继续工作谋生"(类型二),"以前我只知道为养育孩子工作,现在我不知道该怎么做"(类型三),或者以上两种情况兼而有之(类型四)。对于类型三的女性,体面的兼职工作机会或者为了退休后开始新的生活进行退休前教育,可能是比较有用的。与之形成对比的是那些可能知道要怎么做,但是出于经济原因而不能充分融入那些活动的人,比如类型二,保障她们的老年基本收入是一种解决方法。类型四代表的是那些把时间和精力都花在养育孩子上，而根本没有考虑为自己以后的生活做准备的人。她们可能尽到了自己为人父母的职责并为此而自豪，却发现自己"一无所有"。很多处于这种情况的老年母亲面临着一个严峻的问题：如何照顾自己的余生。这需要进行公共干预。

　　与前面不同的是，类型五是指那些感觉退休生活不尽如人意的女性，即使她们在经济方面和活动方面都为享受退休生活作好了准备，但是她们感觉自己没有完成为人父母的责任。这些案例经常包括那些为了照顾家庭而继续进行无偿劳动的女性。在我们的参与者中，一位退休的美术老师属于这种类型。虽然她不完全是自愿退休，但是她期待新生活，因为她现在可以随心所欲地进行她自己的绘画活动。然而，她感觉自己作为奶奶，照顾孙辈的责任无止无休，因为一个外孙有残疾，需要很多照料。她的女儿不断地请求她的帮助，这让她无法享受退休生活，追求自己作为画家的新生活。这是她老年生活的唯一怨言。总而言之，她无法摆脱这种"没有尽头"的父母责任。这里，政策方面的干预是加强儿童保育支持——对孙辈的保育。换句话说，家庭政策不仅仅会影响年轻夫妇的生活，也会影响到老年女性的生活。

　　类型六中包括很多主要因为经济拮据而既不能尽到为人父母的责任，也无法满足自己退休后生活需求的女性。她们把自己描述为"失业"或"失去信心（不愿工作）"，而不是"退休"。她们可能为日后生活优先考虑一些其他无偿活动，如志愿服务、兴趣爱好和宗教，却发现自己无法全身心投入这些活动，因此把自己目前的和可预见的未来的状态描述为"痛苦的"或者"怕得要死"。在这些案例中，解决的办法是一系列政策，如工作机会和家庭供养相结合。

　　从女性视角来看，最值得关注的一个类型是最后一种，类型七。父母责任可能包括持续照顾成年子女和孙辈，但是，如果相关女性没有去追求其他活动，而是为家庭成员提供照顾并乐在其中，那么就不能看作是对退休生活不满意，即使三分之二的条件都无法满足。这些女性可能会觉得"为家庭而生"本身就非常令人满足，不需要任何政策干预。

讨　论

　　本章根据儒家社会中女性的叙事，勾勒出女性退休的独特特征。结果清楚表明：很多50多岁和60多岁的女性通过所谓的"父母责任"视角去看待工作和退休，这与儒家社会有关。女性即使在经济上和活动参与上（类型五）都作好退休准备，仍无法找到内心的平静，除非她们感觉自己已经完成了"父母责任"。在个人是"家庭中的个人"这一文化环境下，这是可以理解的。那些承担了传统上由男性承担的养家责任的女性，为了孩子这么做，是为了尽到"父母责任"。

　　本章认为，应设计和实施积极的公共福利政策来满足日益增长的老年人的需求，尤其应该关注女性的需求。至少有三种不同类型的公共政策方法可被指出。第一种可称之为为个人退休准备"定制"的方法，包括在收入和活动两方面为退休准备进行政策干预。这种方法重要的是要理解老年人对生活的个人渴望：在有偿和无偿劳动与/或社会活动之间保持平衡，有适当的收入/财富来支持自己想要的生活。通过为老年人提供充分的兼职工作机会来延迟退休，对退休后仍以工作为导向的人群来说是比较适合的方法。另一个替代方案是提高对老年生活中其他无偿活动的意识，并增加老年人从事这些活动的机会，例如在老年人中心做社区义工。为退休准备所做的公共教育还应该包括经济准备，提醒公众关注老年生活中的经济需求，强调缴纳国民养老金或其他职业养老金的责任，此外，还需加强个人养老金和其他储蓄。这些公共教育计划针对的年龄段应该扩大，而不仅仅是针对那些即将退休的人群。

第二种公共政策方法关注"总体的"社会保障体系，这和类型二直接相关，在一定程度上涉及类型四和类型六，主要问题是收入不足。和第一种方法中强调政府和公民个人都有责任为退休做准备不同，第二种方法强调公共责任：老年人不会喜欢生活在一个自己已经完成了父母责任，而且知道自己老年想从事什么活动，却被迫去工作的国家。这说明老年人至少需要达到最低的（如果没有达到）固定收入水平。这个问题应该由社会保障通过长期经济投入和公众支持来解决，而不是通过个人在老年时出卖劳动力来解决。这不是别处所争论的要求为每个公民提供基本收入（参见 Gorz 1999；Ringen 2007；van Parijs 1997），这不在本章的讨论范围内。本研究关注的主要是老年基本收入,简言之,在一个人以这样或那样的方式为社会贡献了多年后,社会不应该看着他们还要去乞求一份工作来谋生。理想的状况是,每位老年人都应该有基本的收入保障。

2008 年,基本养老补贴(the Basic Old Age Allowance)的引入是个受欢迎的举措。然而,正如很多早期研究所指出,每个月的补贴只能看作是"零花钱",我们的访谈对象也认同这一点——补贴只有平均月收入的 5%,从 2012 年 5 月以来,每月只有 90 000 韩元(1 000 韩元大约相当于 1 美元)。这是最高补贴额,而对于单身的老年人来说,每月只有 20 000 韩元。为了修正这个问题,即使不能实现重大转变,一种循序渐进的改变也是需要的。领取资格是另一个重要问题:目前的基本养老补贴是为 65 岁及以上老年人中占比为 70% 的最贫困人群设置的。更先进的政策应该是除社会保障外,公共养老金能够保证每位老年人的基本收入。国际劳工组织(International Labour Organization)对防止老年贫困采取积极的立场,建议养老金覆盖所有公民(Baek 2006; Gillion et al. 2000)。鉴于女性因为照顾家庭而只能断断续续参与劳动力市场,这有助于保障老年妇女的经济独立。

第三种方法和"照顾家庭"有关,目的是解决"父母责任"的问题。我们已经讨论过,女性经常要照顾子女或者孙辈,但是并不是所有的(外)祖母都愿意这么做。一些老年女性可能会因为无法帮助成年子女而感到内疚,而另一些可能会拒绝参与其中。这两种情况都需要公共支持,或允许老年女性享受照顾孙辈而不必担忧自己的经济需求，或通过建立值得信任的看护体系而帮助她们摆脱照顾孩子的负担。这种公共家庭看护服务不仅为年轻的父母提供了一部分解决方案，而且给那些不得不承担父母责任来照看孙辈的(外)祖父母——往往是(外)祖母，提供了解决方案。

然而，如表5.2所示，当前政策并不令人鼓舞。我们在此主要关注家庭看护/服务的问题，因为这和我们研究的主体——老年女性和(外)祖母，更相关。家庭看护补贴涉及数目问题和领取资格问题。

表5.2　对有年幼子女家庭的公共支持的月补贴额

单位：千韩元/每孩

儿童年龄	2012		2013 计划	
	公共托保费补贴（五岁以下）或托儿补贴	居家看护津贴	公共托保费补贴（三岁以下）或托儿补贴	居家看护津贴
0	394	*200*	394	*200*（100）
1	347	*200*	347	*200*（100）
2	286	*150*	286	*150*（100）
3	<u>197</u>	*100*	220	*100*（100）
4	<u>177</u>	无数据	220	无数据
5	200	无数据	220	无数据

资料来源：信息来源于韩国保健福祉部主页，http://www.mw.go.kr/front/index.jsp.，2012年11月18日检索。

注：下划线数据是指收入最低的70%家庭。

斜体的数据是指较低收入家庭，即可能需要接受公共补助的人（或收入在贫困线120%以下的人）。

括号中的数据是指收入最低的70%家庭，不包括当前和可能领取公共补助的人。

　　从 2013 年 3 月开始，月津贴额随孩子年龄不同而不同——不到两岁的儿童每月 20 万韩元，两岁的儿童每月 15 万韩元，三岁的儿童每月 10 万韩元。考虑到奶粉和尿片每个月的平均支出大约在 10 万到 20 万韩元，这个数目仅仅能够支付在家里养育孩子的基本必需品。这意味着妈妈照顾孩子的服务理所当然是免费的，更不用说被儿媳或者女儿要求的应急或者间断性的（外）祖母服务了，她们的服务被理所当然地看作是免费储备看护劳动。更充分的津贴需要进一步进行公共讨论和社会约定。雇用一位临时保姆——一天 4 小时，一个月 20 天，每月会大约花费 40 万韩元。从采访中我们发现，想要在户外度过一天的（外）祖母们至少需要 1 万韩元，加起来一个月需要 30 万韩元。考虑所有这些因素，公共预算可能不够高，不足以提供充分的财政支持。不论如何，津贴仅仅能够覆盖基本生活必需品，确实太低了。

　　一个更令人担忧的，可能和社会价值观有关的问题是资格问题。目前，这种低定额津贴只供给较低收入家庭，他们是潜在的公共援助对象，而对四岁和五岁的儿童却没有家庭看护津贴，这显示了另一种覆盖漏洞（当孩子六岁时，他们开始上公立小学）。虽然 2013 年的规划预计把覆盖率扩大到收入水平最低的 70% 家庭，但普遍儿童补助金的社会价值看起来还没有被接受。

　　我们生活在老龄化时代，公共政策全面鼓励提高生育率。不管家庭收入水平如何，为每个家庭提供普遍的儿童补助金和/或普遍的公共托儿服务是政府释放的愿意分担育儿社会责任的积极公共信号，可以把补助金用来补贴照顾儿童的（外）祖母们，补偿其机会成本，以此来鼓励她们参与儿童看护。在当前大力提倡低龄儿童家庭养育的政策背景下，让（外）祖母们参与一些公共计划也将大有裨益，比如对其进行培训，让她们可以为其他家庭提供看护服务，而不是设置年龄限制，阻挡她们进入公共看护市场。

　　只有这三种方法都得到恰当运用，继而满足退休女性的各种需求，她们才能在退休后获得真正意义上的自由。在以家庭为中心的文化中，成功退休不仅仅和自己有关，也和大家庭的关切有关。因此，关于家庭看护的政策，应该是成功退休在公共政策上的一部分支撑。虽然当前的分析是基于当前这一代老年人的经历和向往，但本章中所提出的政策建议考虑了后代并适用于后代。尽管今天的年轻一代可能会对自己的后代表现出"父母责任"的减弱，但这个文化特征看起来不会在短期内消失。最终，随着越来越多的女性为了养家和个人的成就感而加入劳动力大军，韩国需要从传统的、体现部分儒家文化特征的"男主外模式"过渡到"普遍照顾者模式"（Fraser 2000），在快速老龄化的时代，这种过渡必须成为未来社会政策的核心。

参考文献

Arber, S. and Ginn, J. （1995） 'Choice and Constraint in the

Retirement of Older Married Women'(《老年已婚妇女退休的选择与约束》), in S. Arber and J. Ginn (eds.) *Connecting Gender and Ageing*(《性别与老龄化的联系》), Philadelphia: Open University Press.

Atchley, R. C. (1971) 'Retirement and Leisure Participation: Continuity or Crisis?'(《退休与休闲参与:延续还是危机?》), *The Gerontologist*(《老年病学家》), 11: 13 - 17.

—— (1989) 'A Continuity Theory of Normal Aging'(《正常老龄化的连续性理论》), *The Gerontologist* (《老年病学家》), 29(2): 183 - 190.

Baek, H. (2006) 'A Comparative Study of Pension Reform Paradigms of the World Bank and the ILO'[in Korean](《世界银行与国际劳工组织养老金改革范式比较研究》[韩文]), *Social Welfare Policy* [in Korean] (《社会福利政策》[韩文]), 24: 61 - 88.

Brody, E. (1990) *Women in the Middle: Their Parent-care Years*(《处于中间的女性:她们照顾父母的岁月》), New York: Springer.

Cho, K. (1995) 'A Philosophical Analysis of Women's Education of the Choson Dynasty'[in Korean](《朝鲜王朝女性教育的哲学分析》[韩文]), *Journal of Women's Studies Review*(《妇女研究评论杂志》), 12: 39 - 62.

Corbin, J. M. and Strauss, A. L. (2008) *Basics of Qualitative Research: Techniques and Procedures for Developing Grounded Theory*(《定性研究基础:发展扎根理论的技术和程序》), (3rd edn), London: SAGE.

Fraser, N. (2000) 'After the Family Wage: A Postindustrial Thought Experiment'(《家庭工资之后:后工业时代的思想实验》), in B. Hobson

(ed.) *Gender and Citizenship in Transition*(《转型中的性别与公民》),
Hampshire：Macmillan Press Ltd.

Gillion, C., Turner, J., Bailey, C. and Latulippe, D. (2000) *Social Security Pensions：Development and Reform*(《社会保障养老金：发展与改革》), Geneva：ILO.

Gorz, A. (1999) *Reclaiming Work：Beyond the Wage-based Society* (《回收工作：超越工资社会》). Cambridge：Polity.

Guillemard, A. M. and van Gunsteren, H. (1991) 'Pathways and their Prospects：A Comparative Interpretation of the Meaning of Early Exit' (《路径及其前景：对提前退出意义的比较解读》), in M. Kohli, M. Rein,A. M. Guillemard and H. van Gunsteren (eds.) *Time for Retirement：Comparative Studies of Early Exit from the Labour Force*(《退休时间：提前退出劳动力的比较研究》), Cambridge：Cambridge University Press.

Han, G. (2008) 'Gender Difference in Retirement Experience – A Lifecourse Model' [in Korean](《退休体验的性别差异——一个生命过程模型》[韩文]), *Journal of Korean Sociological Association*(《韩国社会学学会会刊》), 42(3)：86–118.

Hatch, L. R. and Thompson, A. (1992) 'Family Responsibilities and Women's Retirement'(《家庭责任和女性退休》), in M. Szinovacz, D. Ekerdt and B. Vinick (eds.) *Families and Retirement*(《家庭和退休》), Newbury Park, CA：Sage.

Havighurst, R. J. and Albrecht, R. E. (1953) *Older People*(《老年人》), (1st edn), New York：Longmans Green.

Havighurst, R. J. (1961) 'Successful Aging'(《成功老龄化》), *The*

Gerontologist(《老年病学家》), 1(1): 8 – 13.

　　Kang, S. and Moon, S. (2011) 'An Evidence-based Policy Designing on Quality of Life of Older Persons – Using KLoSA' [in Korean](《基于实证的老年人生活质量政策设计——使用韩国老龄化纵向研究》[韩文]), *Korean Policy Studies Review*(《韩国政策研究评论》), 20(2): 353 – 381.

　　Kim, D. (2002) 'Confucianism and Familism in Korea: Is Familism the Result of the Confucian Values?' [in Korean](《韩国的儒家与家族主义:家族主义是儒家价值观的结果吗?》[韩文]), *Economy and Society* (《经济与社会》), 55: 93 – 118.

　　Kim, Y. (2004) 'Gender Relations and Psychological Well-being among the Elderly: Gender-role Attitude, Division of Household Labor and Psychological Well-being of the Married Elderly' [in Korean](《性别关系与老年人心理健康:性别角色态度、家庭劳动分工与已婚老年人心理健康》[韩文]), *Journal of Population Association of Korea*(《韩国人口协会会刊》), 27(1): 1 – 30.

　　Krause, N. (2001) 'Social Support'(《社会支持》), in R. H. Binstock and L. K. George (eds.) *Handbook of Aging and the Social Sciences*(《老龄化和社会科学手册》), (5th edn), New York: Academic Press.

　　Kuypers, J. A. and Bengtson, V. L. (1973) 'Social Breakdown and Competence: A Model of Normal Aging'(《社会崩溃与能力:一般老龄化模型》), *Human Development*(《人类发展》), 16: 181 – 201.

　　Kweon, M. (1996) 'Determinants of Retirement and Post-retirement

Work Behaviour of Older Koreans' [in Korean] (《韩国老年人退休的决定因素和退休后的工作行为》[韩文]), *Journal of Social Welfare*(《社会福利杂志》), 8: 41 - 67.

Matthews, A. and Campbell, L. (1995) 'Gender Roles, Employment and Informal Care' (《性别角色、就业和非正式护理》), in S. Arber and J. Ginn (eds) *Connecting Gender and Ageing*(《性别与老龄化的联系》), Philadelphia: Open University Press.

Ministry of Health and Welfare (2010) *2010 Beneficiaries of Basic Livelihood* [in Korean] (《2010 年基本生活受益者》[韩文]), Seoul: MoHW.

Moen, P. , Fields, V. , Quick, H. and Hofmeister, H. (2000) 'A Life-course Approach to Retirement and Social Integration' (《退休与社会融合的生命历程研究》), in K. Pillemer, P. Moen, E. Wethington and Glasgow (eds.) *Social Integration in the Second Half of Life*(《后半生的社会整合》), Baltimore: The John Hopkins University Press.

Moen, P. , Kim, J. M. and Hofmeister, H. (2001) 'Couple's Work/ Retirement Transitions, Gender, and Marital Quality' (《夫妻工作/退休的过渡、性别和婚姻质量》), *Social Psychology Quarterly*(《社会心理学季刊》), 64(1): 55 - 71.

Noone, J. , Alpass, F. and Stephens, C. (2010) 'Do Men and Women Differ in their Retirement Planning? Testing a Theoretical Model of Gendered Pathways to Retirement Preparations' (《男性和女性的退休计划不同吗？退休准备的性别路径理论模型检验》), *Research on Aging*(《老龄化研究》), 32(6): 715 - 739.

Paik, J. (2008) 'Differences of Perceived Successful Aging according to Traditional Values for the Korean Elderly'[in Korean](《韩国老年人的传统价值观对成功老龄化的认知差异》[韩文]), *Journal of the Korean Gerontological Society*(《韩国老年学会杂志》),28(2): 227 – 249.

Park, H. (1999) 'The Feminist Perspective on Family and Marriage'[in Korean](《关于家庭和婚姻的女性主义观点》[韩文]), in Korea Women's Studies Institute (ed.) *Lectures on New Women's Studies* [in Korean](《新妇女研究讲座》[韩文]), Seoul: Dongnyok.

Phang, H., Shin, D., Kim, D. and Shin, H. (2004) *Population Ageing and the Labour Market* [in Korean] (《人口老龄化和劳动力市场》[韩文]), Seoul: Korea Labor Institute.

Price, C., A. (1998) *Women and Retirement: The Unexplored Transition*(《女性与退休:未探索的过渡》), New York: Garland Press.

Price, C., A. and Joo, E. (2005) 'Exploring the Relationship between Marital Status and Women's Retirement Satisfaction'(《婚姻状况与女性退休满意度的关系探讨》), *International Journal of Aging and Human Development*(《国际老龄化与人类发展杂志》), 61: 37 – 55.

Price, C., A., and Dean, K. J. (2009) 'Exploring the Relationships between Employment History and Retired Women's Social Relationships'(《试论就业历史与退休妇女社会关系的关系》), *Journal of Women & Aging*(《妇女与老年杂志》), 21:85 – 98.

Quick, H. and Moen, P. (1998) 'Gender, Employment and Retirement Quality: A Life Course Approach to the Differential Experiences of Men and Women'(《性别、就业和退休质量:男女不同经历的生命历程

研究》), *Journal of Occupational Health Psychology*(《职业健康心理学杂志》), 3(1): 44 – 64.

Reeves, J. B. and Darville, R. L. (1994) 'Social Contact Patterns and Satisfaction with Retirement of Women in Dual-career/Earner Families' (《双职工家庭妇女的社会交往模式与退休满意度》), *International Journal of Aging and Human Development*(《国际老龄化与人类发展杂志》), 39(2): 163 – 175.

Richardson, V. E. (1999) 'Women and Retirement'(《女性和退休》), *Journal of Women and Aging*(《妇女与老年杂志》), 11(2/3):49 – 66.

Ringen, S. (2007) *What Democracy is For: On Freedom and Moral Government*(《民主的意义：论自由和道德政府》), Princeton: Princeton University Press.

Ritchie, J., Lewis, J. and Elam, G. (2003) 'Designing and Selecting Samples'(《样本设计与选择》), in J. Ritchie and J. Lewis (eds) *Qualitative Research Practice*(《定性研究实践》), London: SAGE.

Seccombe, K. and Lee, G. R. (1986) 'Gender Differences in Retirement Satisfaction and its Antecedents'(《退休满意度的性别差异及其前因》), *Research on Aging*(《老龄化研究》), 8(3): 426 – 440.

Silverman, D. (2005) *Doing Qualitative Research* (《定性研究》) (2nd edn), London: SAGE.

Statistics Korea (various years) http://kostat. go. kr/portal/korea/index. action

Szinovacz, M. (1987) 'Preferred Retirement Timing and Retirement

Satisfaction in Women' (《女性的首选退休时间与退休满意度》),
International Journal of Aging and Human Development(《国际老龄化与人类发展杂志》), 24(4): 301 – 317.

　　van Parijs, P. (1997) *Real Freedom for All: What (if Anything) can Justify Capitalism?* (《所有人的真正自由:什么(如果有的话)可以为资本主义辩护?》),Oxford: Oxford University Press.

　　Yang, Y. (2011) 'No Way Out but Working? Income Dynamics of Young Retirees in Korea'(《除了工作别无他法? 韩国年轻退休人员的收入动态》),*Ageing and Society*(《老龄化与社会》), 31(2): 265 – 287.

　　——（2012）' Is Adjustment to Retirement an Individual Responsibility? Socio-Contextual Conditions and Options available to Retired Persons: The Korean Perspective'(《调整退休是个人的责任吗? 退休人员的社会背景条件和选择:韩国视角》), *Ageing and Society*(《老龄化与社会》), 32(2): 177 – 195.

第六章│退休养老金计划的制度化和社团主义在韩国的有限作用

朴明骏①

引 言

本章分析了近年来在韩国退休福利改革中为协调社会各方利益而制定的制度和作出的安排。②本章重点关注有组织的劳工对在国家和公司层面建立起来的新兴社团主义(corporatism)安排的影响。韩国的社团主义结构可以说是新兴的或实验性的,因为它们出现在一个仍在转型的社会中,这样的社会并不存在稳定的新社团主义基础设施,例如强大的工会运动。因此,本章认为,尽管有一些基本的限制,但社团主义者在把工业工会民主原则引入韩国劳动力市场政策方面的尝试依然具有重要意义。

韩国的合同强制退休制度与退休工人财务稳定的保障机制

① 首尔韩国劳动研究院研究员。他从比较的视角研究韩国产业关系和劳动力市场制度的动态,以及西欧(主要是德国)的类似做法和制度,目的是得出对韩国的政策启示。

② 这项工作在 2012 年得到韩国的韩国学中央研究院(Academy of Korean Studies)的支持(AKS - 2009 - MA - 1001)。

密切相关。传统上,这种机制包含 1953 年《劳工标准法》中颁布的遣散费计划(Severance Payment Program)(另见第三章)。根据遣散费计划的规定,工作一段时间后退休的工人有权从其雇主那里获得一笔一次性补助金(并且完全由雇主出资)。遣散费计划与合同强制退休密切相关,在快速工业化的时代,这一计划为工人提供了一定程度的财务支持,而当时还没有任何一个福利国家能为退休工人提供稳定的收入(Phang 1998:2)。

　　然而,近几十年来,遣散费计划的效力与运作受到质疑(Phang 1998;Hur 2004;Yun and Hur 2012),韩国进一步巩固了国民养老金计划,该计划有助于保障工人退休后的收入(Kwon 1999;Shin 2003;Hwang 2006)。而在加强国民养老金的同时,一些雇主对遣散费计划造成的财政负担产生不满,敦促国家废除遣散费计划。事实上,在过去 50 年里,遣散费计划一直是各种工作场所劳资纠纷的主要主题之一。韩国人口的迅速老龄化和企业间就业实践的变化也引起了大众对遣散费计划的质疑(Choi 2006)。

　　作为回应,韩国政府开始改革退休遣散费计划,寻找一些新的体制机制来满足相同的需求。2005 年,韩国政府通过《雇员退休福利保障法》(Employee Retirement Benefits Security Act)创立了一个新体制,叫作退休养老金计划(the Retirement Pension Plan)。此后,许多工作场所便开始实施职业退休养老金计划。因此,我们目前可以看到,韩国处于一场改革期:旧制度(遣散费计划)尚未完全废除,而新制度(退休养老金计划)尚未牢固建立。

《雇员退休福利保障法》的设计和实施过程可以说是一个制度化的过程，各种社会伙伴都参与其中，而有组织的劳工是关键角色之一。随着韩国社会政治气候向民主化转变，有组织的劳工更积极地去参与并影响工人事务的决策过程。因此，劳动法改革成为一项重要的社会议程，社团主义成为让企业、劳工和政府达成共识的手段。退休养老金计划的制度化进程是社团主义以及随之而来的团体谈判在韩国如何运作的一个例子。

退休养老金计划的制度化伴随着宏观和微观层面劳资关系渠道的激活。一方面，《雇员退休福利保障法》的制定部分是通过国家层面的三方机制，在这一机制中，劳工和商业的最高组织就一些问题达成了协议。另一方面，在个别工作场所，执行退休养老金计划需要公司内部劳资双方代表进行协商并共同决定。此外，工人代表还有权对退休养老金计划的管理产生重大影响。这样一来，退休养老金计划的创建和管理便能反映社团主义的原则，暗示着韩国工业或经济民主的加强。

退休养老金计划的制度化对于老年人未来的收入保障具有重要影响。基于此，有组织的劳工如何影响其起源，以及工业民主的要素如何发挥作用这两点值得关注。本章的下一部分通过借鉴新旧退休福利方案的制度特点，介绍了制度变革的总体过程。此外，本章还介绍了韩国有组织劳工的构成以及对有组织劳工参与制度变革的分析。本章最后讨论了社团主义在规范韩国退休福利方面的机会和局限。

制度变迁的动力

如表6.1所示,韩国目前有三种类型的养老金计划,它们共同构成了一个多层次体系:(1)国民养老金计划,(2)遣散费计划或退休养老金计划,以及(3)个人养老金计划(Individual Pension Plans)。在20世纪90年代末亚洲金融危机后,国民养老金计划的覆盖面迅速扩大。然而,对于退休工人来说,想要避免陷入贫困,这种福利仍然太少(见第七章)。这种情况要求引入新的有效的退休福利方案(Choi 2006)。

表6.1　韩国的养老金制度

支柱	养老金	覆盖群体	资格标准
第一	国民养老金计划,特殊职业养老金	所有私营部门工人,政府雇员,私立教师和军人	强制
第二	遣散费计划或退休养老金计划(转型期)	私营部门雇员	强制
第三	个人养老金	所有公民	自愿

目前的养老金制度相对较新。以前,大多数工人退休后没有稳定的收入来源。在20世纪60年代和70年代的独裁政权时期,养老金只对少数职业群体有效(见第三章)。即使国民养老金计划是政府在20世纪70年代中期设计和采用的,但当时并没有实施。随着20世纪80年代末民主化进程的加快,国民

养老金计划才得以复兴、实施，并在此后逐渐扩大（Kwon 1999；Shin 2003；Hwang 2006）。

遣散费计划比国民养老金早了30多年，长期以来一直作为私营部门工人国民养老金计划的替代品。根据遣散费计划规定，政府要求雇主向即将退休的员工支付一次性退休金。在缺乏保障工人退休后生活的综合机制的时代，遣散费计划也是韩国资本主义的象征性制度要素之一（Phang 1998；Hur 2004；Yun and Hur 2012）。

根据遣散费计划的规定，退休或辞职的雇员有权获得遣散费，费用按照连续工作年数乘以30天的"平均工资"计算。平均工资的数额是根据基本工资以及加班费、职位津贴和奖励津贴等其他付款确定的。如果奖金是从公司利润中不定期发放的，则不计入平均工资。遣散费计划的一个特点是，如果工人提出要求，随时可以得到临时遣散费（interim severance payments）。因此，员工甚至在退休前就可以获得累积的离职福利，以资助大额购买项目，如住房或其他支出。

遣散费计划在几个方面受到限制。首先，雇主总是有可能因为无力还债或破产而不按规定付款。由于遣散费计划是一次性付款，而不是年金，所以雇主可以直接管理储备金，而不是让金融机构管理。此外，在雇主破产的情况下，退休福利则没有保障。因此，如果雇主破产，雇员就有失去遣散费的风险。同时，遣散费计划也缺乏可移植性，直到最近仍将员工少于五人的企业排除在外。近几十年来，由于遣散费计划的这些局限性所产生的问题，劳资纠纷层出不穷（Hur 2003：11）。

除了这些基本问题，由于过去十年来的社会变化和劳动力市场的变化，遣散费计划越来越无法满足需要。韩国是一个迅速老龄化的社会（见第二章）。根据联合国的数据，韩国 65 岁及以上人口占总人口的比例预计将从 2005 年的 9.4% 增至 2050 年的 34.5%，这一趋势还伴随着出生率的下降。韩国的生育率从 1980 年的 2.83 下降到 2004 年的 1.16，此后一直保持在这一较低水平。现行的遣散费制度不能有效应对迅速老龄化的社会所带来的问题，因为在这样的社会中，将有空前数量的工人在短期内有资格获得遣散费。

作为一种替代办法，政府颁布了《雇员退休福利保障法》，并创建退休养老金计划，目的是希望它能提供比遣散费计划更有保障的退休收入。根据退休养老金计划的最初内容，雇员在达到资格年龄后将获得源源不断的收入，而不是一次性付款。为了有资格领取养老金，雇员需要向基金缴纳至少 10 年的费用，然后在达到资格年龄（55 岁）后有权获得款项。退休养老金计划的设计考虑到了雇主制定计划的能力和雇主制定计划所需的时间。最初，退休养老金计划预计在拥有五名或五名以上员工的公司中实施，然后再在员工少于五名的公司中逐步实施。

退休养老金计划规定，可以在工作场所建立以下两种类型的养老金计划中的一种：养老金固定收益计划（简称固定收益计划）和养老金固定缴款计划（简称固定缴款计划）。在养老金固定收益计划中，雇主负责确保在雇员退休时支付预先确定的福利。在养老金固定缴款计划中，作出投资决策和承担投资风险是工人的责任，而不是雇主的责任，并且工人退休时没有预先确定的福利水平。

根据退休养老金计划，个人退休账户被提供给变换工作的雇员，雇员从其前任雇主那里获得遣散费或其他补偿，以供退休后使用。雇员自行决定是否向个人退休账户定期缴款，雇员和雇主也有资格获得养老金缴款和福利方面的税收优惠待遇。表6.2总结了遣散费计划和退休养老金计划的不同特征。

表6.2　遣散费计划和三种类型的退休养老金计划的特征

	遣散费计划	养老金固定收益计划	养老金固定缴款计划	个人退休账户
原则	在退休时，雇主支付给退休员工的遣散费取决于员工连续工作的年限，每连续工作一年，就需支付30天正常平均工资	雇主和雇员事先约定一个工资额，当工人达到预定年龄（55岁或以上）时，企业支付约定的金额	员工管理雇主预定的基金金额，养老金根据退休时基金的业绩支付（55岁或以上）	员工选择金融机构投资并管理定期缴款，付款基于退休员工管理基金的业绩（55岁或以上）
缴款到基金中	公司支付遣散费计划的金额，没有必要保持额外的资金储备	公司根据涨薪、利率和贴现率来决定和支付缴款金额，但是金额随着基金的投资业绩而变化	雇主负责固定数额的缴款，数额至少是工人年收入的一半或以上。工人可以缴纳更多	工人把退休金或者养老金的资金拿来投资，公司和工人都不允许额外缴款

续表

	遣散费计划	养老金固定收益计划	养老金固定缴款计划	个人退休账户
支付类型	明确收益	明确收益	取决于基金的投资收益	取决于基金的投资收益
资金管理责任	公司	公司	劳动者	劳动者

资料来源：韩国劳动部（the Ministry of Labor），退休养老计划问答，原书为作者翻译。

　　最初，退休养老金计划对员工没有吸引力，因为他们几乎没有税收优惠；遣散费计划仍然是首选，因为工人可以很容易计算福利，并且可以提前提款。公司也不热衷于采用退休养老金计划，因为他们可以选择继续实施现有的遣散费计划。因此，新的退休养老金制度仍然需要一段时间才能被接受。韩国雇佣劳动部负责退休养老金计划的制度化。为了促进和完成体制改革，政府采取了各种措施。例如，公司税制的改变鼓励了一些雇主转向退休养老金计划。

　　韩国雇佣劳动部观察到从遣散费计划向退休养老金计划的转变太慢，因此采取了进一步的措施来鼓励和推动退休养老金计划制度化。雇佣劳动部于2011年在三个重要方面修订了《雇员退休福利保障法》。第一，修订后的法案要求成立于2011年7月之后的新公司建立退休养老金计划来替代遣散费计划，并在开始运营后一年内实施。第二，通过合并或分拆方式组建的企业在确定退休养老金计划的性质时（即固定收益计划或固定缴款计划），无须与雇员代表协调。第三，修订后的条例规定，除非满足某些严格的条件（例如当雇员试图购买住房时），否则雇主不能提供临时遣散费。由于临时支付对工人来说非常有吸引力，所以禁止这种支付削弱了旧制度的吸引力。

与此同时，个别企业的劳资双方就采用退休养老金计划进行了各种讨论。目前，在《雇员退休福利保障法》颁布五年后，退休养老金计划已被相当多的公司采用。韩国企业似乎相对较好地应对了向退休养老金计划的初步过渡。根据雇佣劳动部的公告，退休养老金计划已被40%的韩国企业采用。该部门2012年10月发布的信息显示，超过15万名雇主（平均涵盖超过3.6名员工）推出了新计划，管理的资产超过50万亿韩元，如表6.3所示。尽管如此，私营部门的大多数韩国工人仍被遣散费计划所覆盖。

退休养老金计划的目标不仅是保证工人退休后有稳定的收入来源，也是为资本市场提供额外的资金。预计这将对韩国的金融市场和金融业产生积极影响，因为投资给退休养老金计划的资金将大幅增长。到21世纪10年代中期，退休养老金市场预计将增长到50万亿韩元，十年后将增长到200万亿韩元，占股市总市值的很大一部分。

有组织的劳工和退休养老金计划

在20世纪90年代和21世纪00年代进行退休福利改革时，有组织劳工的组织和体制结构发生了相当大的变化。自20世

表6.3　退休养老金计划的逐步扩展

		退休养老金计划覆盖的员工数量		退休养老金计划覆盖的公司数量		退休养老金计划资金量/亿韩元	
		累计总和	单位和	累计总和	单位和	累计总和	单位和
2007	上半年	325 395	112 395	22 000	5 709	12 913	5 346
	下半年	538 345	212 950	30 882	8 882	27 550	14 637
2008	上半年	760 244	221 899	40 545	9 663	40 441	12 891
	下半年	1 119 552	359 308	50 462	9 917	66 122	25 681
2009	上半年	1 320 425	200 873	58 053	7 591	82 597	16 475
	下半年	2 480 241	1 159 816	70 503	12 450	140 424	57 827
2010	上半年	1 807 642	446 953	83 895	13 392	189 898	49 474
	下半年	2 393 934	586 292	94 455	19 574	291 472	101 574
2011	上半年	2 861 064	467 130	112 861	18 406	365 904	74 432
	下半年	3 283 608	422 544	139 151	26 290	499 168	133 264
2012	上半年	3 699 614	416 006	167 460	28 309	539 518	40 350
	下半年	4 303 957	604 343	189 644	22 184	563 663	24 145

资料来源：根据雇佣劳动部网站提供的数据制表。

注：2012年下半年仅计至2012年10月。

纪 60 年代初以来，韩国总工会一直是唯一的官方工会，隶属于独裁政府并受其控制，且一直经受挑战（Choi 1988）。从 20世纪 80 年代末开始，韩国总工会面临一场新的更加进步和民主的劳工运动，该运动于 1995 年形成了全国民主劳动组合总联盟（民主劳总，Korean Confederation of Trade Union）。此后，两大阵营几乎在每一个问题的决策过程中都相互竞争影响力。

两个组织各有不同的优势和劣势。韩国民主劳总在动员力量上压倒了韩国总工会。在整个 20 世纪 90 年代及以后的时间里，新工会主义者领导了大规模的劳资纠纷，这些纠纷主要发生在大型制造业工作场所。然而，他们在倡导国家层面的政策改革方面能力较弱，因为他们斗争的主要领域是工作场所，而不是立法机构。相比之下，韩国总工会拥有更稳定的组织资源，并拥有具备知识和经验的专业工作人员来左右立法。其所以如此，部分原因是该组织长期以来一直是一个游说团体，既没有民主结构，也没有能力在街头抗议中动员其成员。

尽管有全国性的联合会，但地方工会在公司层面仍然拥有实质性的权力，这主要是因为法规只允许公司层面的工资谈判。这些法规从 20 世纪 80 年代初开始，已经存在了大约 20年，在进步工人领导的斗争初期，甚至民主劳工运动都没有从根本上质疑这些法规。直到 21 世纪 00 年代早期和中期左右，行业联合会才在如银行业、金属业和医疗保健业等行业建立，并致力于在行业层面讨价还价。然而，在公司层面之外进行工资谈判的实践有较大的局限性。

更关键的是，韩国的工会密度非常低，而且一直在下降。如表 6.4 所示，工会密度大约为 10%。由于工资谈判主要发生在工作场所，所以工会密度可以用来推断工资谈判的覆盖范围。大多数加入工会的工作场所仅限于大型企业集团。这种不对称的结构对退休养老金计划的制度化有影响，下文将对此进行分析和讨论。

随着这两个工人组织的抗议越来越激烈，韩国政府逐渐为工会联盟参与劳工相关问题的讨论与政策制定铺平了道路。为此，三方机制作为政策谈判的核心平台在国家层面建立起来。韩国还建立并巩固了专门的机构，如劳资关系改革委员会（Industrial Relations Reform Commission，1996—1997）、韩国三方委员会（Korea Tripartite Commission，1998—2007），以及经济和社会发展三方委员会（Economic and Social Development Tripartite Commission，2007 年至今），由劳动部负责管理这些政策合作协调平台。在谈判期间，当重新设计劳动力市场机构，或者争论的议题有关劳动力市场和劳资关系时，动员了来自学术界和研究机构的专家提供建议。

表 6.4　韩国工会

年份	加入工会的公司数量	协会数量	工会成员人数/千人	工会密度/%
1980	2 635	16	948	14.7
1985	2 551	16	1 004	12.4
1986	2 675	16	1 036	——
1987	4 103	16	1 267	——

续表

年份	加入工会的公司数量	协会数量	工会成员人数/千人	工会密度/%
1988	6 164	21	1 707	—
1989	7 883	21	1 932	—
1990	7 698	21	1 887	17.2
1991	7 656	21	1 803	15.4
1992	7 527	21	1 735	14.6
1993	7 147	26	1 667	14.0
1994	7 025	26	1 659	13.3
1995	6 606	26	1 615	12.5
1996	6 424	26	1 599	12.1
1997	5 733	41	1 484	11.1
1998	5 560	42	1 402	11.4
1999	5 637	43	1 481	11.7
2000	5 698	44	1 527	11.4
2001	6 148	43	1 569	11.5
2002	6 506	41	1 538	10.8
2003	6 257	43	1 550	10.8
2004	6 107	42	1 537	10.3
2005	5 971	42	1 506	9.9
2006	5 889	41	1 559	10.0
2007	5 099	40	1 688	10.6
2008	4 886	41	1 666	10.3
2009	4 689	43	1 640	10.0
2010	4 420	42	1 643	9.7

资料来源：韩国劳动研究院劳工统计，原书为作者翻译。

　　韩国总工会从这些社团主义的努力中获得了优势。尽管韩国民主劳总被邀请加入这些政策协调平台，但激进的联盟在1999年初退出韩国三方委员会后拒绝加入。最初，韩国民主劳总参与社会协商，引发了严重的内部争论和冲突。其较为保守的成员认为参与三方机构是促进变革的一个途径，而较为激进的成员反对与国家和雇主合作。更激进的团体认为，加入社团主义机构将助力新自由主义的工党政权，这最终会对韩国工人阶级不利。相比之下，韩国总工会发现社团主义为推进其更温和的改革议程提供了机会，并寻求利用三方平台。随着时间的推移，对韩国民主劳总的抵制削弱了社团主义尝试。韩国民主劳总的缺失限制了社会谈判机构的合法性和权力，最重要的是削弱了国家朝着这个方向前进的动力。因此，社团主义者在韩国的尝试在整个21世纪00年代逐渐减少。

　　由于退休福利影响工人退休后的生活条件，所以退休养老金计划在韩国的制度化是有组织劳工努力去影响三方机构政策谈判的问题之一。事实上，商界、劳工界和政府就创建退休养老金计划进行了近八年的政策讨论。谈判于1997年在第三方的劳资关系改革委员会举行，根据最高法院的判决，就部分修订遣散费计划达成了协议。1998年，韩国三方委员会计划讨论退休养老金计划问题。然而，由于亚洲金融危机引发的更大规模的社会经济改革，直到2000年，讨论才重新开始，并持续了近一年半的时间才结束，而没有达成任何正式协议。在劳工组织中，只有韩国总工会参加了谈判，并且对新的退休养老金计划持批评态度。在谈判之外，韩国工会总联盟对政府的退休养老金计划采取了更加严厉、更具批判性的立场。两个工会都在个体劳动者的带领下倾向于遣散费计划而不是私人养老金体系（见第三章）。

在三方谈判机构内，关于退休养老金计划设计的讨论集中在两个目标上：稳定和效率。韩国总工会重视该方案的稳定性，以确保资金支付给退休人员，而企业希望尽量减少雇主的行政和财务负担。实际上，韩国总工会主张实施固定收益计划，而企业则支持固定缴款计划。表6.5总结了劳工、雇主和国家关于采用退休养老金计划的观点。

表6.5　退休养老金计划设计特色之争

	劳工	企业	国家
功能焦点	·为退休后的工人提供稳定的收入 ·不使用固定缴款方案 ·限制对股票资本市场的投资 ·让劳资双方就资金管理进行谈判	·最小化公司的负担 ·取消退休金 ·缴纳国民养老金以减轻企业负担	保障职工退休后的生活;通过发展金融市场寻求经济增长
适用范围	通过同时提供退休养老金计划和遣散费计划,将覆盖范围扩大到员工少于5人的企业	反对法律强制将覆盖范围扩大到员工少于5人的企业,因其未考虑小型企业有限的管理资源	考虑到小型企业管理资源有限,在制定退休养老金政策后,在2008—2010年将覆盖范围扩大到员工少于5人的企业
福利类型	只有固定福利;反对固定缴款计划,因为它将养老基金管理的责任从企业转移到劳动者,并存在与资本市场失灵相关的风险	固定缴款,因为它同时确保企业的财务健康和养老基金的稳定性	通过管理层和工人之间的协商,在固定收益计划与固定缴款计划之间进行自主选择

资料来源:Kwon(2006:85),原书为作者翻译。

虽然谈判没有达成具体协议，但这一进程为社会伙伴提供了交流意见和立场的机会。当政府提出立法时，它是在了解企业和劳工的观点和优先事项的情况下进行的。因此，退休养老金计划的立法纳入了关于养老金类型的选择（固定收益计划或固定缴款计划），还允许公司层面从遣散费计划转换到新的退休养老金计划。

制度化的第二阶段始于 2005 年 12 月新颁布的《雇员退休福利保障法》。有组织劳工对于个别工作场所实施退休养老金计划发挥了关键作用。愿意采用退休养老金计划的公司有义务从两种类型（固定收益计划或固定缴款计划）中选择一种，并考虑其工人的偏好。因此，一个公司希望从遣散费计划转变到退休养老金计划，还需要得到其雇员的同意。那些有工会的公司需要得到大多数工会成员的同意，而那些没有工会的公司则必须得到大多数雇员的同意。

加入工会是决定一家公司是否采用退休养老金计划以及选择哪种类型的一个重要因素（Ban 2005）。如表 6.6 所示，截至 2008 年，选择退休养老金计划的公司中只有 4.5% 成立了工会，其中大多数（81.4%）选择了固定收益计划。

表 6.6　按工会存在情况分列的 2008 年退休养老金计划采纳情况

		有工会	无工会
是否采纳		4.5%	9.8%
应用范围	全体员工	81.5%	81%
	部分志愿者	17%	17.7%

续表

类型		有工会	无工会
类型	固定收益计划	81.4%	58.1%
	固定缴款计划	16.2%	30.4%
	个人退休账户	2.4%	11.5%

资料来源：Ban(2008：66)，原书为作者翻译。

总的来说，共同决策制似乎在退休养老金计划的制度化中发挥了作用。大型公司更是如此，这些公司大多加入工会，通常选择实施退休养老金计划协议。起初，养老金固定缴款计划类型占主导地位，这意味着大公司和工会对退休养老金计划相对不感兴趣。如表 6.7 所示，养老金固定收益计划的百分比逐渐增加，达到了在退休养老金计划登记的雇员总数的三分之二。然而，在韩国，工会的组织密度非常低，且加入工会的部门仅限于大公司。

表 6.7　退休养老金计划的采纳和扩展（按覆盖类型划分的雇员人数和百分比）

	总计	固定收益计划	固定缴款计划	固定收益计划和固定缴款计划	个人退休账户
2007	325 395 （100%）	139 652 （42.9%）	141 734 （43.6%）	134 （0.6%）	44 009 （13.5%）
2008	760 244 （100%）	412 499 （54.3%）	283 116 （37.2%）	344 （0.8%）	60 626 （8%）
2009	1 320 425 （100%）	849 127 （64.31%）	400 514 （30.33%）	626 （1.08%）	63 762 （4.83%）
2010	1 807 642 （100%）	1 160 721 （64.2%）	574 661 （31.8%）	1 008 （1.20%）	72 260 （4.0%）

续表

	总计	固定收益计划	固定缴款计划	固定收益计划和固定缴款计划	个人退休账户
2011	2 861 064（100%）	1 984 402（69.4%）	801 665（28.0%）	2 113（1.9%）	74 997（2.6%）
2012	3 699 614（100%）	2 478 835（67.0%）	1 140 812（30.8%）	3 796（2.3%）	79 967（2.2%）

资料来源：由雇佣劳动部重制；显示的数据是每年6月的数字。

与此同时，退休养老金计划的实行对保险和金融企业来说是一个福音。像许多其他工业化国家一样，退休养老金计划在韩国的采用预计会给国内股票市场带来巨大变化，有可能导致资本市场的扩张。金融机构开始向个别企业提供选择固定收益计划或固定缴款计划的建议，许多银行和保险公司游说公司和工会。据一名观察员称，一些工会正在与金融机构合作，在企业层面制定养老金计划战略（个人访谈，首尔，2012年10月）。

在管理退休养老金计划时，工会的影响有限。退休养老金计划既不透明，也不由大量公司合作管理。在很大程度上，资金管理留给了公司首席执行官、内部专业人员，或者更少的情况下，留给外部财务经理。最近一项研究表明，退休养老金计划缺少稳定的治理体系。在被研究的75家公司中，只有25%建立了退休养老金工人管理委员会（韬睿惠悦韩国公司[Towers Watson Korea]，2012）。其结果是，公司层面的社团主义在管理退休养老金计划基金方面并不高效。对于为什么不通过管理层和劳工之间的更大合作来管理退休养老金计划，仍然需要进一步的实证研究来了解。

讨　论

工人代表参与国家层面的政策谈判和公司层面的共同决策过程,使得民主原则被纳入退休养老金计划。工会直接或间接参与制定政策,确保工人在选择养老金固定收益计划还是养老金固定缴款计划时有选择权。此外,公司层面的工人决定了是否从遣散费计划转变到退休养老金计划。

然而,尽管取得了上述成就,但社团主义在韩国既不稳定,也不完全有效。工会通过政策谈判对退休养老金计划制度化产生的影响,在三个关键方面受到限制。首先,谈判的参与者最终未能就新的养老金设计达成重大共识,最终只能让国家将退休养老金计划强加于人。其次,因为工会密度低,只有 10%,所以工会在个人工作场所的决策过程中影响有限。最后,已实施的养老金计划治理结构有利于大多数公司的管理。这些限制表明,韩国有组织劳工作为劳动力市场政策和工作场所机构改革重要的政策实施者,其权力和能力仍然受限。

参考文献

Ban, J-H. (2005) 'A Study on Korean Businesses' Preferences on

Corporate Pension Plans: Their Choices of Introduction and Forms of Pension Policies' [in Korean](《韩国企业对企业养老金计划偏好的研究:他们对养老金政策的引入和形式的选择》[韩文]), *Quarterly Journal of Labour Policy*(《劳工政策季刊》), 5(4): 101 - 133.

—— (2008) 'Recent Trends on the Adoption of the Retirement Pension Plan and their Implications' [in Korean](《采用退休养老金计划的最新趋势及其影响》[韩文]), *Labour Review*(《劳工评论》), 46: 59 - 70.

Choi, J. J. (1988) *State and Labour Movement in Korea* [in Korean] (《韩国的政府和劳工运动》[韩文]), Seoul: Yorumsa.

Choi, Y. J. (2006) 'Transformations in Economic Security during Old Age in Korea: The Implications for Public Pension Reform' (《韩国老年人经济保障的转变:对公共养老金改革的启示》), *Ageing and Society*(《老龄化与社会》), 26(4): 549 - 565.

—— (2008) 'Pension Policy and Politics in East Asia' (《东亚的养老金政策与政治》), *Policy and Politics* (《政策与政治》), 36(1): 127 - 144.

Hwang, G-J. (2006) *Pathways to State Welfare in Korea: Interests, Ideas and Institutions* (《韩国的国家福利之路:利益、理念和制度》), Hampshire: Ashgate.

Howe, Neil, Richard Jackson and Keisuke Nakashima (2007) *The Aging of Korea: Demographics and Retirement Policy in the Land of the Morning Calm*(《韩国的老龄化:清晨宁静之地的人口统计和退休政策》), Global Aging Initiative, Center for Strategic and International

Studies. Online. Available HTTP：< http：//csis. org/files/media/csis/ pubs/070321_gai_agingkorea_eng. pdf> (accessed on 9 January 2013).

Hur, J. -J. (2004) 'Korean Severance Pay Reform：For Old-age Income Security or Coverage Expansion?'(《韩国遣散费改革:为了老年收入保障还是扩大覆盖面?》), paper presented at the International Workshop on *Severance Pay Reform：Towards Unemployment Savings and Retirement Accounts* (遣散费改革:面向失业储蓄和退休账户), Laxenberg/Vienna, 7 – 8 November 2003.

Kwon, H-J. (1999) *The Welfare State in Korea：The Politics of Legitimation*(《韩国的福利制度:合法化的政治》), New York：Palgrave Macmillan.

Kwon, S-M. (2006) 'Globalization, Korean Retirement Pension System, and an Interclass Coalition' [in Korean] (《全球化、韩国退休养老金制度和阶级间联盟》[韩文]), *Asia Study*(《亚洲研究》), 49(3)：69 – 103.

Moon, H. (2002) 'The Korean Pension System：Current State and Tasks Ahead'(《韩国养老金制度:现状和未来任务》), paper presented at OECD/INPRS/KOREA Conference on Private Pensions in Asia, Seoul, Korea. 24 – 25 October 2002.

Phang, H-N. (1998) *Korean Companies' Retirement Allowance System* [in Korean](《韩国公司的退休金制度》[韩文]), Seoul：Korea Labour Institute.

—— (2003) 'Rapid Ageing and Labour Force Changes in Korea' (《韩国的快速老龄化和劳动力变化》), paper presented at the

International Seminar on Low Fertility and Rapid Ageing, organized by Korean National Statistics Office and Korean Association of Population, Seoul, 31 October.

Shin, D. -M. (2003) *Social and Economic Policies in Korea: Ideas, Networks and Linkages*(《韩国的社会政策和经济政策:理念、网络和联系》), London/New York: Routledge Curzon.

Song, H. K. (2003) 'The Birth of a Welfare State in Korea: The Unfinished Symphony of Democratization and Globalization'(《韩国福利制度的诞生:民主化与全球化的未完成交响曲》), *Journal of East Asian Studies*(《东亚研究杂志》), 3(3): 405 – 432.

Towers Watson Korea (2012) 'Monitoring Study on the Retirement Pension Governance 2012'[in Korean](《2012 年退休养老金治理监测研究》[韩文]). Online. Available HTTP: <http://www. towerswatson. com/south- korea/press/7633> (accessed on 9 January 2013).

Yun, J. and Hur, J. -J. (2012) 'Severance Pay Reform in the Republic of Korea'(《韩国遣散费改革》), in R. Holzmann and M. Vodopivec (eds.) *Reforming Severance Pay*(《改革遣散费》), Washington, D. C. : The World Bank.

第七章｜韩国的国民养老金、劳动力市场和退休问题：体制上的错配和替代政策

房河男[1]

引　言

在全球人口老龄化背景下,多数西方国家的劳动力市场面临着 50 岁以上人口大规模自愿早退休的挑战,与之不同的是,韩国社会正面临着劳动人口 50 岁出头就被强制从自己一辈子赖以谋生的工作岗位上辞退的问题。合同强制退休是韩国公司非常通行的做法,规定的退休年龄平均 55 岁(Phang et al. 2004)。此外,很多劳动者被迫在合同规定的退休年龄之前退休,他们不得不接受雇主提出的"荣誉退休方案"。如此一来,雇主就能抵消以工作年头为基础的加薪,或者保持既精简又有竞争力的劳动力配置(Phang et al. 2011)。

韩国国民养老金计划是一个有资金支持的系统,资金支持的主要来源是私营部门劳动者(公司员工和自由职业者)所缴纳的保费,领取养老金的金额取决于个人在工作生涯中的缴款历

---

[1] 本章作者于 2013 年 3 月被任命为韩国政府雇佣劳动部部长,此前是首尔韩国劳动研究院高级研究员。在韩国养老金和退休制度方面发表了大量文章,并担任过韩国养老金协会(2012)和韩国社会保障协会(2010)的主席。

史。如果个人有一段时间失业，除自动缴纳那部分以外没交保费，他们就没有资格获得养老金。因为养老金的领取资格和金额取决于工作和过去的收入状况，所以工作持续时间短、就业不稳定或者工资低的劳动者，领取的养老金将会非常有限。

　　韩国提早退休人员所面临的困难是老年收入保障系统脆弱且不成熟，这迫使他们不得不工作到很大年龄，才能维持自己和家庭的生存（Yang 2011）。如果他们没能找到像样的工作，也没能成功创业，这些提早退休的人员将会面临非常高的老年贫困风险（Phang 2006）。国民养老金计划目前的常规退休年龄是61岁，但将在未来的20年中逐步提高到65岁。这样的话，就存在从工作岗位退下和到常规退休年龄之间无收入的5—10年的空档期，对工薪阶层来说尤为如此。退休制度框架和公共养老金系统在体制上的错配，将会对人口和劳动力快速老龄化的韩国社会构成一个很大的挑战。本章将会通过分析国民养老金计划的现状，并从劳动力市场结构、合同强制退休角度入手评估国民养老金计划，以此对无收入空档期的重要问题加以探讨。

　　任何一个公共养老金计划的有效性和合法性，都是由其有效覆盖程度和它能在多大程度上缓解劳动者退休后的收入不平等状况所决定的。换言之，福利资格的普适程度和国民总收入二次分配的力度分别是评估所有国民养老金计划的首要和次要的因素。那么要评估的第三重要的因素将会是养老金福利是否充足，即作为一生缴纳养老保险的回报，退休人员领取的养老金福利的充分性。国际劳工组织建议将45%的养老金替代率作为公共养老金计划和私人养老金计划所能保证的最低限度（国际劳工组织，1967）。如果此限度在很多退休人员那里无法得到保证，那么就应该对养老金缴纳比例进行调整，否则，养老金体系的合法性将会被削弱。最后，养老金系统的可持续性必须纳入考虑范围。如果养老金系统无法长期维持的话，第一个和第二个因素将无法达成。养老金系统的可持续性同养老金系统的资金支持的现状和发展前景的健康程度有关，也同养老金上缴和领取的代际公平有关。因此，应该为后代设置一个合理的养老金上缴金额。如果后代为了当前一代的福利而需要不公平地过多缴纳保费，后代将失去支持该体系的动力，这可能引起政治和社会动荡、代际冲突和养老金制度崩溃。

接下来，如何从上述的四个因素出发来评估韩国的国民养老金计划呢？本章将会讨论国民养老金计划对韩国老龄化社会及其劳动力是否有效及有效程度如何的问题。如果养老金计划有效性不足，那么问题就有可能出现在养老金计划本身的设计上或者它所处的运营环境，即劳动力市场的特性上。劳动力市场是公共养老金计划和私人养老金计划最重要的运营环境。其所以如此，是因为养老金计划的活跃成员是劳动力市场中的劳动者，而非活跃成员是同一个劳动力市场中的退休人员。因此，常规退休年龄是一个重要的社会制度，构成了养老金计划中活跃成员与非活跃成员之间、劳动成员和退休成员之间的重要界限。总之，养老金计划的可靠性关键取决于劳动力市场的性质，而劳动力市场的状况又取决于其本身就业结构的质量，如就业的稳定性、工作生涯长短、劳动力市场参与时长。

　　本章认为国民养老金计划面临着与韩国劳动力市场严重错配的问题。特别是韩国劳动力市场相比于发达经济体存在如下缺陷：就业质量问题、劳动力市场机会结构平等问题和劳动力市场机制公平性问题。首先，韩国劳动者的工作生涯特别短，比发达经济体少了将近十年。这是因为合同强制退休制度把刚50岁出头的劳动者从公司解雇。提前退休人员的工作生涯非常不稳定且断断续续，因为他们能够获得的就业机会是非正式的，而且工作持续时间有限。其次，韩国女性劳动力的参与率相对于其他经合组织国家低了很多。再次，工资和工作条件方面的巨大差距和不平等性存在于一级劳动力市场和次级劳动力市场之间，这是因为一级劳动力市场主要由大公司和公共部门组成，而次级劳动力市场主要由中小型企业组成，而中小型企业往往只在合同（非正式）的基础上提供就业。劳动力市场以上这些特点，就如本章随后提及的那样，将会对国民养老金计划的健康运行产生负面影响。

　　国民养老金计划声称是一项覆盖全民的老年收入保障计划，同时按照私人保险的原则运作，至少在其福利资格方面是如此，其福利是根据有偿就业的缴款计算的。虽然国民养老金计划在最近十年已经有所改革，但它的基本运作原则没有发生改变。因此，自其1988年初创以来，有效覆盖率和私营部门劳动者积极缴费人数的比例就一直处于较低水平。这个问题同公共养老金计划的首要标准，即有效覆盖的普遍性直接相关，而这也正是对养老金计划造成伤害的最严重的问题，尤其是在人口快速老龄化的背景之下。

　　本章的下一部分将结合前文提到的四大评估因素对韩国养老金计划的参保人数、有效覆盖率和福利资格等方面的现状和前景进行分析。之后对韩国劳动力市场特点的讨论，主要聚焦和韩国养老金体系直接相关的几个方面，如就业质量和退休法规。接下来，本章展示了对工作生涯寿命表的分析结果，并讨论其对韩国养老金制度的启示。本章的结论是，国民养老金计划存在局限性的一个重要原因，在于韩国劳动力市场和就业制度的结构和特点。本章最后讨论了在人口和劳动力老龄化的背景下，使国民养老金计划保持合法和可持续发展的未来政策和改革选择。

国民养老金计划的现状

　　国民养老金计划的目标人群（18—60岁的人口）分为两类：适用方案者和不适用方案者。不适用方案者指的是那些同时免于登记和缴费的人。适用方案者又被进一步分为两类：一类是积极缴纳养老保险的人，另一类是免于缴纳养老保险的人，即"免于缴费者"（contribution-exempt）。

　　表7.1展现了各类人群在国民养老金计划总体目标人群中的占比。在3 000万总体目标人群中，约10%是不适用方案者；在全部注册者，即适用方案者中，约68%的人实际支付了养老

金。这意味着国民养老金计划正式覆盖的总人口中，只有大约60%的人是活跃成员，而40%的人是非活跃成员。那些不适用方案者主要由三类人群组成：27岁以下的学生或军人、国民养老金计划成员的无业配偶，以及其他公共养老金计划的成员，如拥有特殊职业养老金的教师和公务员（见第三章）。

表7.1　按照注册和缴费状况划分的各类人群在国民养老金计划总体目标人群中的占比

单位：千人

总体目标人群 30 276（100%）		
已注册且活跃		未注册且不活跃
27 194（89.8%）		3 082（10.2%）
注册状况	缴费者 18 512（68.1%）	
	免于缴费者 7 941（29.2%）	
	未缴费者 741（2.7%）	
就业状况	雇佣工人 13 191（48.5%）	
	自由职业者 13 942（51.3%）	
	无业 61（0.2%）	

资料来源：国民养老金计划年度统计报告（2011）。

　　表7.2显示的是不适用方案者的人数及该群体中各类人群的数量及其占比。截止到2008年，共有1 332万人是不适用方案者，其中有553万人是丈夫作为家庭经济支柱的无业女性。此外，提早退休人员——从主业上退下来，目前以自由职业者身份就业的老年劳动者——有可能被归为不适用方案者或免于缴费者。

表 7.2   国民养老金计划中的"不适用方案者"群体

群体	人数/千人	占比/%
18—27 岁的学生/军人	3 344	25.1
特殊职业养老金成员	1 560	11.1
领取社会救济者	755	5.7
国民养老金计划受益者（<60）	79	0.6
成员的无收入配偶	5 534	41.6
其他	2 048	15.4
合计	13 320	100.0

资料来源：Woo and Choi(2009:73)。

　　"适用方案者"当中的"其他"人群很多都是日雇工、在小公司工作的人和非固定就业者。换言之，他们是本应该注册国民养老金计划却没有注册的弱势群体。国民养老金计划研究报告（Woo and Choi 2009）表明，日雇工的养老金注册率只有14.5%，是固定就业者注册率（94%）的六分之一。在大公司和中小企业之间同样存在着巨大的养老金注册率差异。大公司（员工人数 300 或以上）超过 90%的员工注册了养老金计划，而小公司（员工人数 1 到 4 人）员工的养老金注册率却只有约12%。那些有资格缴纳国民养老金却选择不上缴的人，极有可能增加他们老年贫困的风险。

　　由于"不适用方案者"和"免于缴费者"人数过多，导致在法律上具有注册养老金资格的人数和实际上积极注册的人数之间存在巨大的差距，同样的差距也存在于积极注册养老金的人数和实际支付保险费的人数之间。造成这些差距的主要人群是仅能维持生计的小业主和低收入的非固定工人，他们构成了国民养老金计划作为一项公共的老年收入保障，其有效覆盖方面的一个巨大的灰色地带。

因此，还未来得及讨论养老金福利是否充足，国民养老金计划的有效性就因其非常有限的覆盖率而遭到严重质疑。在大约 3 000 万目标人群（18—60 岁）中，超过 1 300 万人是"不适用方案者"，而 860 万自由职业者中，又有 500 万人根本不上缴养老保险（国民养老金计划，2012）。在国民养老金计划这样一个不缴费就领不到养老金福利的体系中，如此大规模的自愿弃保预示着快速老龄化的韩国面临着形势严峻的未来。

按理来说，国民养老金计划应该具有二次分配的作用，但其是否真的在实质上具有二次分配的作用至今仍然存疑。就算它真的能够发挥作用，那它的作用范围也是十分有限的。这一切的原因已经从国民养老金计划有效覆盖率的统计数据中得到了充分说明：国民养老金计划的覆盖率在贫困的自由职业者和次级劳动力市场的弱势劳动者群体那里存在巨大盲区。国民养老金计划对很多劳动者来说没有起到二次分配作用，主要是因为养老金领取资格存在很高的门槛。绝大多数贫困劳动者无法缴满养老金领取的最低缴费年限（缴费 10 年才能领取部分养老金，缴费 20 年才能领取半额养老金），能够缴满 40 年获取全额养老金的人少之又少。那些贫困劳动者如果连最基本的养老金领取资格都没有，那么他们在退休的时候将与养老金福利无缘。

  此外，国民养老金计划对收入几乎完全透明的工薪阶层来说很不公平。与工薪阶层不同的是，自由职业者的收入并不透明，因为他们可以系统性地少报自己的实际收入。图 7.1 表明，2011 年自由职业者的缴纳基准收入（675 369 韩元）仅为工薪劳动者（2 051 528 韩元）的三分之一。对于工薪阶层来说，自由职业者养老金缴纳基准收入过低，导致国民养老金计划的养老金平均总替代率被拉低。最终的结果是通过再分配利益功能，养老金收入从工薪阶层间接转给自由职业者（见第三章）。

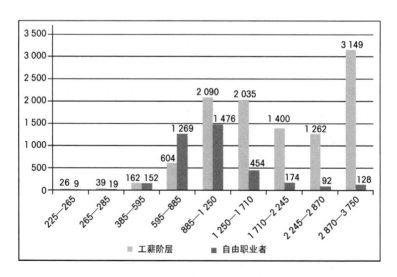

图 7.1 根据每月养老保险缴纳基准收入（单位：千韩元）水平划分的养老金缴费者分布情况（单位：千人）

资料来源：国民养老金计划年度统计报告（2011）。

　　国民养老金计划能否在未来缓解目前高达 35% 的老年贫困率？换言之，国民养老金计划的养老金福利是否足够充分，可以防止领取人陷入贫困？不幸的是，国民养老金计划远不够充分，哪怕用最低养老金替代率的指标来评判也是如此。国民养老金计划的设计初衷是保障中等收入群体在缴满 40 年养老保险之后能够拥有 40% 的养老金替代率，但到 2010 年，工薪阶层的平均缴费年限只有 8.4 年（101.3 个月），自由职业者的平均缴费年限仅有 4 年（48.5 个月）（国民养老金计划，2010），这个问题可能是国民养老金计划体系不成熟所致。到 2013 年，国民养老金计划才迎来它创立的第 25 个年头，直到 2028 年才可能有成员缴满 40 年，取得全额领取养老金的资格。然而，根据国民养老金计划的预测，到 2028 年，也就是这个体系建立 40 周年的时候，活跃成员的平均缴费年限将会达到 25 年左右。并且，国民养老金计划中达到平均收入水平的成员预计会有 25% 的平均养老金替代率，略低于最高替代率 40% 的三分之二。

　　假设到 2028 年稳定缴费者的缴费年限平均达到 20 年，那么低收入人群的预期退休工资将达到 350 000 韩元（350 美元），高收入人群的预期退休工资将为 660 000 韩元（660 美元）。事实上，2011 年养老金受益人（约 2.15 亿人）的平均养老金替代率在 12.8% 到 25.5% 之间（国民养老金计划，2012）。养老金替代率会随着养老金体系的成熟迎来一定程度的增长。但与此同时，全额养老金领取人的养老金替代率将会

从 2008 年的 60% 逐渐降低（每年降低 0.5 个百分点），直到
2028 年降至 40%。

另一方面，国民养老金计划替代率过低的问题应该结合保
险缴费的实际情况进行评估。表 7.3 显示，从公布的目标替代
率来考虑，保费太低。因此，资金和可持续性问题显然取决于
当前的保险费率在未来能否提高到适当的水平。

表 7.3　选定经合组织国家国民养老金保险费率和替代率

单位：%

	德国	日本	美国	英国	韩国	挪威	瑞典	经合组织
保险费率	19.9	15.4	12.4	社会保障税	9.0	社会保障税	18.9	19.6
替代率	42.0	34.5	39.4	31.9	42.1	46.1	31.1	42.1

资料来源：经合组织（2011）《养老金概览》。

国民养老金的劳动力市场环境

国民养老金计划的缺陷之所以会出现，一部分原因是糟糕
的设计和薄弱的管理，还有一部分原因是养老金计划的外部条
件问题。外部条件是指劳动力市场和工作场所实践的特定特
征。如果劳动力市场滋生不平等，且催生大量就业不稳定、收入
低的劳动者，养老金计划的缺陷将会变得更加严重；反之，养老
金的缺陷将通过劳动力市场和创造机会平等的工作实践得到
弥补。

　　本章这部分内容探讨国民养老金计划如何受劳动力市场就业结构和收入机会的影响，以及受影响程度的问题。此处的讨论将会揭示韩国劳动力市场的核心特点如何制约作为老年收入保障体系的国民养老金计划健康发展。韩国劳动力市场的特征可概括为以下四点：（1）就业率低且劳动力市场参与率低；（2）劳动力中有很大一部分人就业不稳定；（3）存在大量自由职业者；（4）合同强制退休制度导致的过早退休和主要职业工作年限短。

　　韩国的总体劳动力参与率在 2011 年为 61.1%，与其他经合组织国家相比水平较低（经合组织，2011），这主要是因为女性和青年的劳动力参与率不高。与 73.1% 的男性劳动力参与率相比，韩国女性劳动力参与率一直徘徊于 50% 左右（韩国劳动研究院，2008），这个比例远低于发达国家。如表 7.4 所示，在 2010年，韩国女性劳动力参与率（54.5%）比经合组织国家的平均值（61.8%）低了 7.3 个百分点，比日本（63.2%）低了 8.3 个百分点，比美国（68.4%）低了超过 10 个百分点。

表 7.4　韩国和其他经合组织国家的女性劳动力参与率

单位：%

国家	2010	2009	2008
韩国	54.5	53.9	54.7
日本	63.2	62.9	62.2
美国	68.4	69.0	69.3
经合组织平均	61.8	61.5	61.4

资料来源：韩国劳动研究院（2011）《劳工数据统计》（*Labour Statistics*）。

　　韩国女性劳动力的低参与率是因为妇女在生命历程中的组成家庭阶段（结婚、生子、养育）从事有偿就业的情况相对较少。韩国已婚女性为了照顾家庭和孩子，比其他发达经济体的已婚女性更有可能退出劳动力市场。因此，韩国男性和女性的劳动力市场参与率差距最大的阶段集中在 30 多岁，而这一现象反映了国家资助的儿童保育有限的事实，也反映了女性应该承担一系列家庭责任的社会期望（见第五章）。

　　在国民养老金计划中，已婚女性一旦成为全职家庭主妇，她们就会被归为"不适用方案者"，只要其丈夫是国民养老金计划的活跃成员，妻子就无需缴纳养老保险。这些全职主妇事实上构成了表 7.2 所示的"不适用方案者"中最大的一部分（41.6%）。如果排除注册加入其他公共养老金计划的那些个人，那么97%的"不适用方案者"将会是国民养老金计划男性成员的无经济收入配偶。

　　这一安排的结果清楚地反映在国民养老金计划按性别划分的成员不平衡和巨大差别上。图 7.2 显示，从 30 岁起，劳动者的性别差距变得尤为巨大，这可能是因为已婚女性的劳动力市场退出率非常高。如果她们在生育后不久无法回到劳动力市场，那么她们有可能这辈子在有偿劳动力市场上都处于不活跃状态。如果这样的话，她们就非常有可能在老年时依靠丈夫的养老金生活。

　　全职家庭主妇事实上被排除在韩国养老金计划有效覆盖范围之外，注定要依靠其配偶的养老金养老。这样的养老金计划更像是以家庭（由顶梁柱和依靠顶梁柱收入的家庭成员组成）为单位，而不像是以个人为单位。同时，鉴于女性在劳动力市场的低参与率，韩国养老金计划是一种倒退的社会保障观念（Kim 2010）。此外，这样的设计会导致很多家庭中一份养老金供两个人养老，这会严重损害老年人收入的充分性，这就引出了每个家庭的有效替代率的问题。虽说韩国养老金计划的目标是要保证普通收入者在缴满 40 年养老金之后能够拥有 40%的替代率，然而在现实生活中，一个家庭的一份养老金收入要负担两个人养老，那么平均到一个人的养老金替代率将会变成 20%。

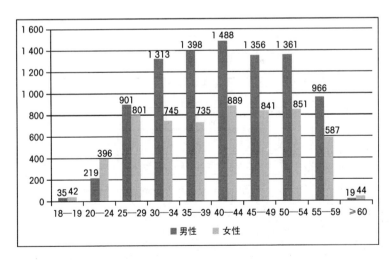

图 7.2　按年龄和性别划分的国民养老金计划的活跃成员人数（单位：千人）

资料来源：国民养老金计划年度统计报告（2011）。

根据表 7.5，韩国自由职业者的比例大约是 32%，是美国（7.2%）、英国（13.8%）、日本（13.4%）和经合组织国家平均值（16.1%）的 2 到 4 倍多。尽管韩国自由职业者在收入、资产和业务方面是一个异质群体，但绝大多数（78.7%）是仅能维持生计的小业主（Lee et al. 2009）。研究（Keum et al. 2009）表明，自 1997 年经济危机以来，收入不平等和两极分化现象在自由职业者当中日渐增多。

此外，多数仅能维持生计的小型商店和零售店有可能选择瞒报一部分收入，或者选择根本不缴纳养老保险。如表 7.6 所示，2008 年自由职业者上报的平均收入水平不到固定工资工人收入水平的 80%。

表 7.5 自由职业者在总就业人口中所占的比例

单位:%

	总计		男性		女性	
	2000	2010	2000	2010	2000	2010
德国	11.0	11.6	13.4	14.4	7.9	8.4
日本	16.6	12.3	15.5	12.9	18.3	11.4
韩国	36.8	28.8	35.7	30.0	38.4	27.1
挪威	7.4	7.7	9.8	10.8	4.8	4.4
美国	7.4	7.0	8.6	8.3	6.1	5.6
经合组织国家平均	17.7	—	19.1	—	14.8	—

资料来源:经合组织(2012)《事实手册》(Fact Book)。

表 7.6　按就业状况分列的 2008 年收入水平，仅限非农业产业

单位：千韩元

自由职业者			雇员		
拥有员工的雇主	自由职业者	平均值	固定雇员	非固定雇员	平均值
405.3	177.1	246.6	219.9	110.6	196.0

资料来源：韩国劳动研究院（2008）《劳工数据统计》。

在国民养老金计划注册的所有自由职业者（约 862 万人）中，只有 42% 的人（约 358 万人）会选择上报收入并缴纳养老保险，其余 58% 的人免于缴纳养老保险（Kim and Hahn 2011）。然而，这些数据不免让人生疑，因为尽管韩国政府付出不懈努力来解决这个问题，但是过去十年中，"免于缴费者"的比例并没有显著变化。绝大多数"免于缴费者"属于自由职业者，其中多数人把生意倒闭或无收入作为免于缴纳养老保险的理由（Kim and Hahn 2011）。

非正式工人比例高，不利于劳动力市场弱势群体有资格并充分享受养老金福利。最近一项研究表明，总就业人口中有 33% 的人被归类为非正式就业，也就是说，1 706 万工薪阶层员工中，577 万是非正式就业者（韩国劳动研究院，2011）。他们大多是教育水平较低的劳动者和几乎没有技能的女性劳动者，在次级劳动力市场（中小企业和服务业）就业，收入较低，他们的就业往往是间歇性和短暂的。非正式就业人群的国民养老保险覆盖率比正式就业劳动者低很多。截至 2011 年，相比于正式员工 79.1% 的养老金覆盖率，他们的养老金覆盖率

只有 38.2%。因此，他们的终生养老保险缴纳记录可能达不到获得养老金权利的最低必要年限标准。

国民养老金计划目前的正常退休年龄是 61 岁，但是常规退休年龄每过五年就会推迟一岁，直到 2032 年最终推迟到 65 岁。因此，特别是对于工薪阶层来说，从主要的终身工作退休到领取公共养老金之间存在着 5—10 年的差距。韩国人的平均工作年限相对于大多数其他经合组织国家来说较长（经合组织，2004），表 7.7 归纳了 2006 年韩国劳动部对大公司（300名员工及以上）进行抽样调查时统计的韩国劳动者合同退休年龄、实际离岗年龄和最终退休年龄。

如图 7.3 所示，与其他发达经济体相比，韩国工人的年龄—任期概况非常差。男性员工的工作场所任期在 50 岁左右达到顶峰（约 10 年），然后下降，女性无明显峰值。男性劳动者的这一数字表明了韩国劳动者终身雇佣和养老金缴纳历史的不稳定程度。

表 7.7   对于韩国劳动者合同退休年龄、实际离岗年龄和
最终退休年龄的统计和预估

	平均离职年龄（A）	合同退休年龄（平均）（B）	最终退休平均年龄（不再工作）（C）	C－A
总计	54.1	57.0	68.1	14.0
男性劳动者	54.4	57.0	67.3	12.9
女性劳动者	53.8	57.0	68.3	14.5

资料来源：韩国雇佣劳动部（2006）《职场调查：工资和工作条件》（*Survey of Workplace: Wages and Working Conditions*）。

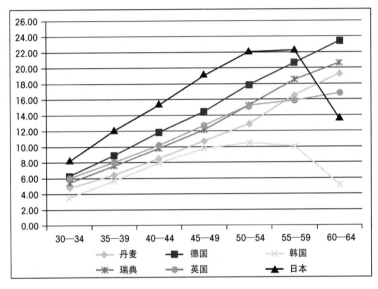

图7.3　按年龄段划分的工人（男性）就业年限概况：韩国和其他经合组织国家（单位：年）

资料来源：经合组织（2012）就业和劳动力市场数据库。

　　表7.8显示了老年劳动者（55岁及以上）就业状况的分布情况。提早退休人员被迫从工作岗位上退下，为了维持生计，不得不继续出来工作。然而，提早退休人员的就业质量非常糟糕，其收入与正式员工相比非常低。韩国劳动力的总工龄虽然比其他经合组织国家长一点，但最后十年的工作生涯（55—65岁）主要从事不稳定、低收入的工作。如表7.8所示，在55岁到64岁的劳动者中，只有21.6%的男性劳动者和3.9%的女性劳动者在从事稳定工作，其余都在从事不稳定的、临时的工作或成为自由职业者。总之，韩国劳动者用来为养老提供资金支持的正式工作生涯非常短

暂，这成为国民养老金计划健康发展的一个关键制度制约。

表 7.8   2008 年老年劳动者就业状况

单位：%

		55—64 岁		≥ 65 岁	
		男性	女性	男性	女性
在职	稳定工作	21.6	3.9	6.6	1.0
	临时工作	13.6	19.4	10.7	8.4
	日工	10.4	16.7	5.8	14.8
雇主		8.7	2.9	4.8	0.6
自由职业者		44.5	26.2	67.4	42.2
无偿家务工作		1.2	30.8	4.8	33.0

资料来源：韩国国家统计局（2008）《经济活跃人口调查报告》（*Survey of the Economically Active Population Report*）。

婴儿潮一代——出生于 1955 年到 1963 年这段时间的人（约 720 万人），其中年龄最大者在 2010 年达到 55 岁——将逐渐离开他们主要的终身工作，开启漫长的退休潮，但他们在最终退休前，还要从事其他工作以赚取收入。据报告，他们中只有不到 50% 的人积极参与了国民养老金计划，并且这个比例在未来不会提高（Baek et al. 2011）。更糟糕的是，最近的一份报告显示，婴儿潮一代（712 万人）只有 30% 能缴满 10 年，这是养老保险最低缴费年限（国民养老金计划，2012）。全职家庭主妇群体较高的"不适用方案者"比例，也是养老保险最低缴费年限难以达成的原因之一。婴儿潮一代有望领取养老金的人中，大约 30% 的人预计将获得极低的养老金福利（低于最低生活保障标准）。

如表 7.9 所示,研究(Shin and Kim 2011)认为:在 2020 年,将只有不到 30% 的老年人(65 岁及以上人群)有资格从国民养老金计划领取养老金福利。即使到 2028 年,也就是这个体系完全成熟的时候,拥有养老金领取资格者的比例也不到 40%。

表 7.9　国民养老金计划受益人前景预测

年份	受益人数量			老年人(65 岁及以上)中养老金领取者比例/%		
	老年人	残疾人	遗属	老年人	残疾人	遗属
2010	1 214	10	153	22.7	0.2	2.9
2020	2 285	36	568	29.7	0.5	7.4
2030	4 687	81	1 213	39.7	0.7	10.3
2040	7 842	113	1 909	52.1	0.8	12.7
2050	10 196	120	2 428	63.1	0.7	15.0
2060	10 489	108	2 433	69.3	0.7	16.1

资料来源:国民养老金计划改革委员会(NPS Reform Committee)(2008)。

这再次提出了一个严峻的问题:国民养老金体系到底为谁而存在?即使 2008 年养老金改革,福利大幅削减得以通过后,国民养老金计划的资金也最终预计会在 2050 年后的十年内消耗殆尽(见第三章)。

韩国劳动者的工作生涯和退休

韩国劳动者开始全日制工作的时间相对较晚(男性大约在

28岁,部分原因是男性的两年义务兵役和高等教育高完成率),退出劳动力市场也相对较晚(约67岁)。但是对于工薪阶层来说,由于韩国雇主普遍采用合同强制退休制度,他们的主要职业通常在53岁终结,这使得他们主要工作生涯的平均长度约为25年。因此,53岁到67岁这段时间(共14年)是过渡工作或逐渐退休的阶段,很多韩国劳动者需要辛勤劳作来谋生,通常是从事自由职业。

　　工作经历的生命分析表能显示出一个典型个体花费在劳动(受雇或自由职业)上的时间以及不工作的时间,这种分析能刻画出典型个体的工作经历。同时,因其具备不同的人力资源特征,如性别、教育水平、职业或劳动力市场领域,个体之间的工作经历存在可观且显著的差异。不同的工作经历是工作期间的不平等转移或强化为退休生活中的不平等的主要渠道。

　　为了判断和描述韩国劳动者的工作经历概况,我们使用了韩国劳动和收入研究小组(Korean Labor and Income Panel Study)的数据。他们调查了小组成员15岁及以后的个人工作经历,包括招聘时间、雇佣终止时间以及工作特点。利用这些数据,可以以月为单位构建出个体的工作经历,包括受雇期限、从事自由职业的期限以及无业(退出劳动力市场或失业)期限等具体情况。

　　通过回顾1998年以来周工作时间在18小时以上并持续超过两个月的工作相关数据,我们可以确定每项工作的起始时间以及就业的类型和状态（即正式就业、非正式就业或自由职业），用于分析的数据来自 1998 年到 2000 年。表 7.10 将劳动者按照性别和教育程度划分，展示了他们从 15 岁到 65 岁在各种就业状况中分别度过的时间（以月计）。

研究结果揭示了两个重要发现。第一，男性和女性的工作经历完全不同：男性在他们 15 岁到 65 岁期间都在就业，而女性在同一时期并未把大部分时间用于（为赚钱而在劳动力市场中）工作。例如，从 15 岁到 65 岁的 600 个月当中，高中学历的男性就业总时长约为 346 个月（其中 190 个月作为雇员，150 个月作为自由职业者），而高中学历的女性工作总时长为 84 个月（其中 72 个月作为雇员，12 个月作为自由职业者）。

表 7.10　65 岁及以上男性和女性各类就业状态持续时长

	男性			女性		
	初中	高中	大学	初中	高中	大学
经历时长（以月计）	600.09	600.53	598.86	600.4	598.86	600.82
A：正式雇佣	70.02	160.46	250.74	7.57	71	40.09
B：非正式雇佣	70.41	30.43	1.57	16.69	0.55	3.82
C：自由职业	261.46	155.34	93.22	168.53	12.31	32.36
D：无业	194.71	246.82	248.66	404.83	513	522.55
A+B	140.42	190.88	252.31	24.27	71.55	43.91
A+B+C	401.88	346.22	345.53	192.8	83.86	76.27
受教育时间	54.45	144.18	144.18	25.89	144	186.55

注：表中数据基于韩国劳动和收入研究小组个人工作经历数据的工作经历生命表分析结果。总数略受数据四舍五入影响。

第二，无论男性还是女性，明显的差异是工作经历中正式雇佣的比例在很大程度上因受教育水平不同而不同：受教育水平越高，从事正式雇佣工作占比就越高。没有受到正规教育的个人，无论男女，就业时间会相对更长，而且其中绝大多数时间从事自由职业。与受教育程度高的人群相比，受教育程度低的人群一生中预计会花费更多的时间以非正式雇佣劳动者或自由职业者的身份工作。不同社会经济阶层的劳动者之间在劳动力市场和就业方面的不平等，通过国民养老金计划体系进一步转化为老年收入的不平等。虽然可能会有人说如果没有国民养老金计划，老年收入不平等会更加严重，但是就目前没有提供全民基本养老金的国民养老金计划而言，其缓冲作用不会太大。

结　论

本章表明，国民养老金计划并不是一个普适的老年收入保障方案。国民养老金计划在普适性和充分性方面很难达到国民养老金第一支柱的要求，而它二次分配的作用也非常有限。尽管没有任何国民养老金计划能够在以上四个方面都做到尽善尽美，但是，和很多其他发达经济体的国民养老金方案相比，韩国国民养老金计划中的这些问题更加严重。

可以确定的是，国民养老金计划是老年收入保障的第一支柱，需要一个管理科学且发达的第二支柱支持才能保证其效力。虽然如此，讽刺之处在于，国民养老金计划意欲同时实现基本收入保障和赢利两个功能。然而，该体系哪一个功能都未能达成：鉴于该体系糟糕的设计和体系运行所处的不利劳动力市场条件，它的野心过大。如何调整韩国养老金体系，使其更适合韩国的退休实践和劳动力市场条件呢？现在看来，除渐进改革之外，没有其他令人满意的解决方案。韩国可借鉴日本等其他国家的经验来指导其进行渐进改革（见第八章和第十章）。

　　同样需要注意的是，只进行养老金计划的内部改革和调整不足以保证国民养老金体系的可靠性和可持续性，劳动力市场和职场改革同样也需进行。这在人口和劳动力快速老龄化、生育率极低的韩国尤为重要。首先也是最重要的，是应该改革韩国职场的合同强制退休制度，提高强制退休年龄，并帮助老年劳动者在退休后再就业。其次，应该利用政策手段提高女性的劳动力参与率，并帮助女性劳动者尽可能延长劳动力市场参与时间。最后，务必确保国民养老金计划的养老金福利能够流向全职主妇和劳动力市场中的弱势劳动者。在此方面，如果是经过仔细考虑的缴款抵免和/或保费补助措施，可能是可行的替代政策。

　　正如先前所指出的那样，目前过低的养老保险缴费率和相对较低的缴费额将成为后代的负担。为了避免这样的后果，必须尽快改革国民养老金计划和合同强制退休制度。随着时间的流逝，鉴于人口快速老龄化，任何改革举措都会变得越来越不起作用，或不得不越发激进（世界银行，2000）。

参考文献

Baek, H. J. et al. (2011) Evaluation of Preparedness and Adequacy of Old-age Income in Korea(《对韩国老年收入保障的完备性和充分性的评估》). NPS Research Institute, Policy Report 2011 - 02(《2011 年 2 月政策报告》)

International Labour Organization (ILO) (1967) Convention No. 128(《128 号公约》). Geneva: ILO.

Keum, J. H., Kim, K. S., Cho, D. H. and Cho, J. M. (2009) *A Study on the Labor Market of the Self-employed (Ⅰ): Trends and Characteristics*(《自由职业者劳动力市场研究(一):趋势和特点》), Seoul: Korea Labor Institute.

Kim, K. A. (2010) *Policy Initiatives to Strengthen Old-age Income Security for Female Population*(《增强老年女性收入保障政策倡议》), Seoul: National Pension Research Institute.

Kim, K A. and Hahn, J. L. (2011) *Policy Initiatives to Increase NPS Participation of the Self-employed*(《增加自由职业者的国民养老金计划参与率的政策倡议》). Seoul: National Pension Research Institute.

Korea Labor Institute (2008) Korea Labor Statistics(韩国劳工数据统计).

—— (2011) *Labor Statistics*(《劳工数据统计》), Seoul: Korea Labor Institute.

Lee, S. Y., Kim, J. I., Park, C. I., Lee, D. J. and Hong,

M. K. (2009) *A Study on the Self-employed Labour Market*（II）: *Labour Market Policy and Social Security*(《自由职业者劳动力市场的研究（二）: 劳动力市场政策和社会保障》), Seoul: Korea Labour Institute.

Ministry of Employment and Labor (2006) *Survey of Workplace*: *Wages and Working Conditions*(《职场调查: 工资和工作条件》), Seoul: Korea.

National Pension Service (2010) *Annual Statistics of the National Pension Scheme*(《国民养老金计划年度统计数据》). Online. Available HTTP: <www. nps. or. kr> (2012. 11. 20).

—— (2011) *Annual Statistics of the National Pension Scheme*(《国民养老金计划年度统计数据》). Online. Available HTTP: <www. nps. or. kr> (20 November 2012).

—— (2012) *Annual Statistics of the National Pension Scheme*(《国民养老金计划年度统计数据》). Online. Available HTTP: <www. nps. or. kr> (20 November 2012).

National Pension Service Reform Committee (2008) *Report for National Pension Reform Agenda* (《国民养老金计划改革议程报告》), Seoul: National Pension Research Institute.

National Statistics Office (2008) Survey of the Economically Active Population(经济活跃人口调查), Daeun: Korea.

OECD (2004) *Ageing and Employment Policy* : *Korea*(《韩国的老龄化和就业政策》). Paris: OECD.

—— (2012) *Fact Book*(《事实手册》). Paris: OECD.

—— (2011) *Pensions at Glance*(《养老金概览》). Paris: OECD.

Phang, H. N. (2006) 'Retirement Income Systems in Asia'(《亚洲

退休收入体系》), in G. Clark and A. Munnell (eds.) *Oxford Handbook of Pensions and Retirement Income* (《牛津养老金和退休收入手册》). London：Oxford University Press.

Phang, H. N., Shin D. K., Kim D. H. and Shin H. G. (2004) *Population Ageing and Labor Market in Korea* (《韩国的人口老龄化和劳动力市场》). Seoul：Korea Labor Institute.

Phang, H. N., Lee S. K., Woo S. J., Kim K. H. and Kim J. K. (2011) *The Working Life and Retirement Process of the Baby-boomers in Korea*《韩国婴儿潮一代的工作经历和退休过程》. Seoul：Korea Labor Institute.

Shin, K. H. and Kim, H. S. (2011) 'Long-term Projections of the NPS Pensioners' (《对国民养老金计划养老金领取者的长期预测》), *National Pension Research Institute Research Report*(《国民养老金研究机构研究报告》), 10. Seoul.

Woo, H. B. and Choi, E. A. (2009) 'The Current State of the Non-applicable in the NPS and Policy Alternatives' (《国民养老金计划不适用者的现状及备选政策》). NPS *Research Report*(《研究报告》), 10.

World Bank (2000) 'The Korean Pension System at a Crossroads' (《处于十字路口的韩国养老金体系》), SP Discussion Paper, No. 20204-KO.

Yang, Y. (2011) 'No Way Out but Working? Income Dynamics of Young Retirees in Korea' (《除了工作别无他法？韩国年轻退休人员的收入动态》), *Ageing & Society*(《老龄化与社会》) 31, 265 – 287.

第八章 | 日本退休模式的改变

平冈公一[1]

引 言

第二次世界大战后,强制退休被明确确立为日本就业实践的一个重要方面。尽管面对经济全球化和迅速的人口老龄化,日本企业的就业实践经历了重大变化——尤其是与工资和人事管理政策相关的变化,但绝大多数企业都保留了合同约定强制退休的做法。强制退休年龄主要定在 60 岁。许多雇主和雇员都认为强制退休的优点超过其缺点。目前,强制退休制度是日本雇主可以利用的最有效的就业调整方法。对于雇员来说——除了那些越来越多的定期雇佣合同雇员——强制退休仍然是一种有一定年龄限制的工作保障制度(Yashiro 2009)。

另一方面,自 20 世纪 60 年代以来,强制退休年龄和养老金资格年龄之间的差距一直是日本政府面临的急迫的政策挑战。目前,日本存在着一个共识,即应实施有效的政策措施扩大老年劳动者的就业机会,以应对劳动力短缺和公共养老金制度的财

---

① 东京御茶水大学社会学系教授。撰写了大量关于日本和英国老龄化和社会服务的文章。

政困难,而随着持续的低生育率和人口老龄化,这些困难预计会变得更加严重。本章简要概述了强制退休的历史,以及日本政府在退休和老年劳动力方面政策的发展。文章最后分析了当前老年劳动者的就业和劳动力市场现状。

日本强制退休的历史

现代日本工业中第一个已知的合同强制退休案例是日本帝国海军的火药工厂,该工厂在 1887 年的"劳动者就业规则"(rules of employment for workmen)中将退休年龄定为 55 岁(Kikuno 1988)。直到 20 世纪第一个十年结束,引入强制退休制度的公司数量都很有限。在第二个和第三个十年,强制退休的做法逐渐在私营企业中普及。根据日本内政部(the Ministry of Home Affairs)1933 年进行的一项调查,超过 50 名工人的工厂中有 41.7%实行强制退休制度。雇主协会在同一时间对工厂和办公室员工进行的两项调查发现了类似的结果(Ogihara 1984)。佐口(Saguchi,音译)(2000)指出,20 世纪 30 年代渗透日本社会的强制退休年龄政策不一定是基于"终身就业"。当时,工人保护立法处于早期发展阶段,工人没有被广泛组织起来,员工,尤其是蓝领工人没有工作保障。

在 20 世纪 30 年代后半期,战争的扩大和越来越多的工人应征入伍,造成了日本工业的劳动力短缺。因此,企业越来越多地暂停合同强制退休,以此留住他们的老员工。1945 年战争结束后,暂停强制退休的公司恢复了该项措施,而且更多的公司引入了强制退休制度。劳工部在 1951 年进行的调查发现,80% 以上的公司实行了强制退休制度(Kikuno 1988)。战后经济混乱随着战时生产体系的结束而来,许多公司不得不裁员。然而,由于《劳动标准法》(the Labour Standard Law)等劳动保护法以及工会的激增,雇主不能轻易解雇员工。在这种情况下,强制退休制度是控制就业的一种实用的替代方法(Saguchi 2000)。

因此,在引入所谓的"日本式就业做法",例如终身就业、资历制度、定期集体雇佣大学和高中毕业生以及内部培训之前,强制性就业的做法就在日本工业中盛行。日本人事院(the National Personnel Authority)在 1955 年进行的一项调查显示,98.2% 拥有 300 名或以上雇员的公司实行强制退休(Kikuno 1988)。在 20 世纪 50 年代末和 20 世纪 60 年代的经济快速增长期间,合同强制退休开始蔓延到中小型企业,事实上实行这种做法是日本就业制度的一个组成部分(Sumiya 1981)。劳动部进行的就业管理调查显示,1968 年至 1980 年期间,在拥有 100 至 299 名雇员的企业中,实行强制退休制度的企业比例从 76.6% 增长到 93.7%,在拥有 30 至 99 名雇员的企业中,这一比例从 51.0% 增长到 76.5%(厚生劳动省 [Ministry of Health, Labor and Welfare] 2004)。

如今,绝大多数公司都有统一的强制退休制度,所有员工都面临相同的强制退休年龄。除此之外,不同的工作类别有不同的退休年龄(经合组织,2004:100)。然而,在过去,日本并没有立法监管强制退休,而是让企业自由决定强制退休的年龄。在20世纪30年代,日本强制退休的主要年龄是55岁,这个标准一直保持到20世纪60年代,尽管到1960年,55岁男性的平均预期寿命已经达到73.5岁,而55岁女性的平均预期寿命已经达到76.8岁(日本国立社会保障·人口问题研究所[the National Institute of Population and Social Security Research],2012)。20世纪60年代的雇员养老保险计划(the Employees' Pension Insurance Scheme)规定,私营雇员领取养老金的合格年龄为男性60岁,女性55岁。

在这种情况下,很多工会开始要求提高合同约定的强制退休年龄,然而,只有相对较少的公司提高了年龄。即使企业接受了工会的要求,大多数也只将退休年龄提高两年至57岁。1971年,在实行强制退休制度的公司中,57.9%的公司确定退休年龄为55岁,18.3%的公司的退休年龄为56—59岁,21.7%的公司的退休年龄为60岁。只有1.6%的雇主将退休年龄定在61岁或以上(Saguchi 2000)。此外,在1985年《男女雇佣机会均等法》(the Equal Employment Opportunity Act for Men and Women)将这种做法定为非法之前,有相当多的公司为女性雇员设定了更低的退休年龄。1967年,劳动部表示提高退休年龄是可取的,但没有采取具体措施来促进这一点(Kikuno 1988)。当时针对中老年劳动者的就业政策集中于帮助失业劳动者找到新的工作(Seki 2009)。

老年劳动者和退休年龄政策

1973 年制定的《就业措施第二基本计划》(the Second Basic Plan for the Employment Measures)是延长合同强制退休年龄的第一项政府政策(Seki 2009)。根据 1975 年对《就业保险法》(the Employment Insurance Law)的修订,政府向实施以下倡议或政策的雇主提供补贴:将退休年龄提高到 56 岁或以上;通过公共就业保障办公室(the Public Employment Security Office,即就业中心)雇佣 56—64 岁的人;延长就业或重新雇佣已达到合同约定退休年龄的劳动者;增加 55—64 岁劳动者在其劳动力中的比例。经过一些修改,这种类型的补贴一直延续到今天。

1978 年,随着《促进中年人和老年人就业特别措施法》(the Special Measures Law for Promoting Employment of Middle-aged and Older Persons)的修订,一项配额制度被引入,要求至少 6%的劳动力年龄在 55 岁或以上。1986 年,该法规进行重大修订,并更名为《老年人就业稳定法》(the Law Concerning Stabilization of Employment of Older Persons,以下简称《稳定法》),规定公司必须努力将强制退休年龄定在 60 岁或以上。这是第一次有法令规定提高退休年龄,虽然这并没有使提高退休年龄成为雇主的法定义务,但它为政府提供了通过行政指导实施延长就业的手段。根据这一修订后的法规,政府有权要求公司提高退休年龄,命令他们起草提高退休年龄的计划,并对计划提出修订或实施策略。因此,如表 8.1 所示,强制退休年龄为 60 岁的公司比例从 1980 年的 36.5% 增加到 1990 年的 60.1%。

表 8.1　1968—2012 年强制退休年龄

单位:%

	1968	1974	1980	1985	1990	1995	2000	2004	2008	2012
55 岁及以下	63.5	52.3	39.7	27.1	19.8	7.6	0.6	—	—	—
56 至 59 岁	14.2	12.3	20.1	17.4	16.2	6.6	0.2	0.7[2]	—	—
60 岁	20.6	32.4	36.5	51.0	60.1	78.6	91.6	90.5	85.2	82.7
61 至 64 岁	—	0.4	0.7	2.1	1.1	1.7	1.8	2.4	3.9	2.7
65 岁	1.5	2.6	2.5	1.8	2.7	5.4	5.6	6.1	10.7	13.6
66 岁及以上	—	—	—	0.5	0.0	0.1	0.1	0.4	0.1	1.0
总数[1]	100.0	100.0	100.0	100.0	100.0	100.0	100.0	100.0	100.0	100.0

资料来源:厚生劳动省 1968—2004 年《就业管理调查》(Survey on Employment Management) 和 2008—2012 年《工作条件普查》(General Survey on Working Conditions)。

注:1. 不包括根据工作类别或性别有不同退休年龄的公司。

　　2. 包括 55 岁以下。

到 20 世纪 80 年代末,日本人口老龄化的速度超过了政府的预测。为了防止公共养老金系统面临财政压力,社会保障专家和政府将提高养老金资格年龄视为一种不可避免的政策选择。1994 年和 2000 年的养老金制度改革包括将雇员养老金计划(the Employees' Pension scheme)的资格年龄从 60 岁提高到 65 岁。同年《稳定法》修订,禁止公司将强制退休年龄设定在 60 岁以下,以应对养老金改革。

然而,将法定最低退休年龄定为 60 岁并不是令人满意的应对养老金资格年龄提升的对策。显然，需要采取更有效的措施来确保 60 至 64 岁之间的人的就业机会。与此同时，将法定退休年龄提高到 65 岁被广泛认为是不现实的。在 20 世纪 90 年代的经济衰退中，实现老年劳动者在劳动力市场上前景的大幅改善是无望的。在这种情况下，政府强调扩大继续就业的做法。

继续就业包括延长雇佣和再就业。延长雇佣是指公司延长已达到合同约定退休年龄的雇员的雇佣合同，而不改变合同条款。再就业指的是公司重新雇用因强制退休而终止雇佣合同的前雇员。与延长雇佣不同，雇主可以轻易改变再就业时的工作条件，包括工资。在过去，再就业已经被雇主广泛采用，在强制退休年龄为 55 岁时将就业机会延长到 59 岁。通过强调再就业，政府旨在保障 60 至 64 岁的人的就业机会。

根据这一政策目标，1990 年对《稳定法》的修订规定，企业应努力引入再就业措施。1994 年对该法规的进一步修订授权政府要求各公司提出继续就业的计划，并可以就这些计划的修订或实施策略提出建议。2004 年《稳定法》的修订对于向那些能够并愿意工作到 65 岁的人提供就业机会至关重要。修订后的法律规定，企业有义务通过以下措施之一保证 65 岁以下的人就业：将法定退休年龄提高到 65 岁或以上，继续就业，或者取消合同强制退休。

然而，公司不一定有义务向所有希望继续工作的人提供持续的就业机会，如果劳工和管理层就选择标准达成一致，他们就能选择雇员。如果一个工会组织了工作场所一半以上的雇员，则该工会必须与管理层达成协议。如果这样的工会不存在，协议将在管理层和大多数雇员选出的代表之间达成。此外，企业被允许有一个过渡期来执行这些要求。2006年，企业只需将退休年龄提高到或让雇员"继续就业"到62岁，这一年龄将在2007年提高到63岁，2010年提高到64岁，2013年提高到65岁。

　　所有这些措施都是为了向那些有能力并愿意工作到领取养老金资格年龄（65岁）的人提供就业机会，同时为公司提供弹性空间，让公司可以作出适合个体商业情况的安排。然而，厚生劳动省进行的一项调查显示，只有47.9%的公司采用了上述三个计划中的一个，这些计划可以保障在2011年所有希望工作的雇员能工作到65岁（厚生劳动省，2011a）。如表8.2所示，截至2012年，几乎所有拥有100名或以上雇员的公司仍然实行强制退休制度。如表8.1所示，将退休年龄设定在65岁或以上的公司比例逐渐增大，但大多数雇主仍然将60岁作为合同约定的强制退休年龄。

表 8.2　不同规模企业的强制退休制度

企业规模（雇员人数）	强制退休制度/%		
	采用	未采用	合计
1 000 或更多	99.3	0.7	100.0
300 至 999	99.2	0.8	100.0

续表

企业规模（雇员人数）	强制退休制度/%		
	采用	未采用	合计
100 至 299	97.6	2.4	100.0
30 至 99	89.8	10.2	100.0
合计	92.2	7.8	100.0

资料来源：厚生劳动省 2012 年《工作条件普查》(http://www.mhlw.go.jp/
tou kei/itiran/rou dou/jikan/syu rou/12/Gai you 02.html)。

　　鉴于这些情况，2012 年 8 月《稳定法》再次修订。雇主不
再被允许在提供继续就业安排时挑选雇员。另一方面，如果符
合政府规定的标准，在一家公司的附属公司提供就业机会，作
为一种可接受的继续就业安排形式是被允许的。[①]

老年劳动者就业援助概述

　　如前所述，老年劳动者就业政策强调延长就业，假如不取消
强制退休，那要么安排继续就业，要么提高强制退休年龄。帮助
老年劳动者找到工作的各种其他方案已经到位，例如禁止雇主
在招聘时设定年龄限制。在本节中，我们将概述对日本老年劳
动者的就业援助。

[①] 2012 年修订的内容见厚生劳动省网站上发布的《稳定法》文件（http://
www.mhlw.go.jp/seisakunitsuite/bunya/koyou_roudou/koyou/koureisha/topics/
tp120903-1.html）。

根据 2012 年 6 月进行的老年劳动者就业状况调查（厚生劳动省，2012a），雇员超过 30 人的公司中有 97.3% 采取了以下三项措施之一：实施继续就业制度、将合同强制退休年龄提高到 65 岁以上，或者完全取消强制退休。在这些公司中，82.5% 引入了继续就业制度，14.7% 将退休年龄提高到 65 岁或以上，只有 2.7% 的公司废除了强制退休制度。与大型企业（300 名以上员工）相比，中小型企业（31 至 300 名员工）更有可能提高退休年龄（中小型企业为 15.7%，大型企业为 6.2%）。与中小型企业相比，大型企业更有可能具备一个继续就业系统（大型企业为 93.4%，中小型企业为 81.2%）。只有 0.4% 的大型企业取消了强制退休，相比之下，中小型企业的这一比例为 3%。

2012 年 6 月，如果劳工和管理层就选择标准达成一致，雇主被允许自行选择继续就业的雇员。根据这项规定，57.3% 的公司拥有选择劳动者的标准：78.5% 的大型企业有这种标准，相比之下，中型企业的这一比例为 54.3%。调查还显示，48.8% 的企业（51.7% 的大型企业和 24.3% 的中小企业）通过提高强制退休年龄、取消强制退休或继续就业安排，确保劳动者能工作到 65 岁。

如前一节所述，雇主在提供继续就业安排方面有两种选择：延长雇佣和再就业。厚生劳动省进行的另一项调查（2012b）显示，20.5% 的公司有延长雇佣制度，80.7% 的公司有再就业制度（有些公司两者都有）。这表明大多数雇主希望降低劳动者到强制退休年龄时（60 岁）的工资率，作为提供就业机会到 65 岁的前提条件。事实上,日本劳动政策和培训研究所(the Japan Institute for Labour Policy and Training)2008 年对拥有 50 名及以上雇员的公司进行的一项调查显示,与强制退休时的工资率相比,采用再就业的公司中,只有 8% 保持或提高了再就业劳动者的工资率(日本劳动政策和培训研究所,2012)。再就业工资率与强制退休工资率的平均比率为 68.7%。

从这些调查结果可以看出,政府提供就业到 65 岁的政策在一定程度上改善了 60 至 64 岁劳动者的就业状况。然而,即使允许再就业合同存在薪资削减或工作条件的其他变化,也只有不到一半的公司(大公司则不到四分之一)向所有希望继续工作的 65 岁以下的劳动者提供就业保障。这一事实表明,2004 年修订的《稳定法》中提议的框架,其有效性受到限制。最近一个新的框架被引入,其中包括强制性实施无条件继续就业制度,回应了这一限制性。

如表 8.3 所示,雇主可以获得各种补贴,以鼓励老年劳动者就业。

前两项补贴与提高强制退休年龄有关。这些补贴主要是为了促使雇主遵守《稳定法》,确保劳动者的就业能持续到 65 岁。第一笔补贴也是为了鼓励雇主保障劳动者能工作到 70 岁。第三和第四个方案是关于帮助老年劳动者劳动力流动,旨在支持为即将离开公司的员工提供再就业服务的公司,以及雇用年长员工的公司。其余两个方案旨在帮助雇主雇用老年劳动者。

表 8.3　促进老年劳动者就业补贴

单位：百万日元

补贴类型		补贴金额（2012 年全年预算）
对提高法定退休年龄的支持	对提高退休年龄的中小企业的补贴	7 503
	对老年劳动者扩大工作类别的补贴	1 135
对老年劳动者劳动力流动的支持	对帮助即将失业的雇员再就业的雇主的补贴	3 631 *
	对雇用在其他公司达到法定退休年龄的老年劳动者的雇主的补贴	2 700
对雇用老年劳动者的雇主的支持	对雇用特定类别求职者的雇主的补贴	40 677 *
	对在试用的基础上雇用老年人的雇主的补贴	526

资料来源：改编自厚生劳动省文件（http://www. mhlw. go. jp/stf/shingi/
2r98520000022 tocatt/2r98520000022tsy. pdf）。

注：* 包括对除老年劳动者以外的各类劳动者的补贴。

　　作为日本就业保险计划（the Japanese Employment Insurance
scheme）的一部分，强制退休后工资降低 25% 以上的 60 至 64
岁劳动者可以得到老年人就业延续福利。这项福利旨在向老年
人提供工作激励，同时作为对雇用老年劳动者的公司的补贴
（经合组织，2004：17）。如果当前工资是以前工资的 61% 或
更低，那么每月福利的数额是当前工资的 15%。如果当前工资
在以前工资的 61% 至 75% 的范围内，那么福利的数额根据工资
降低的比率而有所不同。如果当前的月工资超过一定数额（截

至 2012 年 11 月为 343 396 日元），则不提供福利。2011 年平均每月受益人数为 303 972 人，福利总额为 1 710.89 亿日元。

日本没有专门禁止年龄歧视的法律。日本宪法第 14 条规定，"在政治、经济或社会关系中，不得有基于种族、信仰、性别、社会地位或家庭出身的歧视"。然而，宪法没有提及年龄。2001 年对《就业措施法》（the Employment Measures Law）的修订是日本劳动法中首次通过与年龄歧视有关的条款。修订后的《就业措施法》规定，雇主在招聘劳动者时，应努力不设定年龄限制。正如一些评论员所指出的，这项规定以及根据这项规定发布的准则对企业的就业做法产生了一些积极影响（经合组织，2004：117）。例如，就业中心提供的有年龄限制工作的比例从 2001 年 9 月的 95.3% 降至 2005 年 9 月的 48.4%（厚生劳动省，2007）。人们越来越担心招聘中的年龄限制会阻碍青年、中年妇女和老年人就业机会的扩大，这促成了 2007 年对《就业措施法》的进一步修订。修订后的《就业措施法》禁止在招聘中使用年龄限制，特殊情况除外。

为老年劳动者就业提供的其他援助包括以下内容：雇主有义务准备并提交一份证明文件，包括关于预计被解雇的老年劳动者的工作经历和职业能力的信息，以帮助他们寻找工作；为年长劳动者提供技能培训课程和集体工作面试的"老年工作计划"。除了这些措施，银发人力资源中心（Silver Human Resources Center）方案也已实施。截至 2011 年 3 月，共有 1 298 个这样的中心，为退休人员提供了从事"临时和短期工作或无就业合

同 的 轻 劳 动 ” 的 机 会 （ 内 阁 府 ［Cabinet Office］, 2012:
92 - 93）。

公共养老金、强制退休和就业政策

公共养老金制度及其自 20 世纪 80 年代以来为改善财政可
持续性而进行的改革,对日本企业的强制退休制度、老年劳动者
就业和政府政策产生了相当大的影响。下面将讨论养老金对退
休和就业最重要的四个影响。

第一,涵盖私营企业雇员的雇员养老金计划提高养老金领
取资格年龄的影响。由于 1985 年的养老金改革,雇员养老金计
划中的养老金领取资格年龄提高,男性从 60 岁提高到 65 岁,女
性从 55 岁提高到 65 岁。然而,引入的一项过渡性措施,即一项
名为“老年特供养老金”(Specially-Provided Old Age Pension)的
福利,将被“暂时”提供给 60 至 64 岁的退休雇员。除与收入相
关的金额之外,该项福利还包括统一费率养老金(相当于基本养
老金)。

1994 年的养老金改革,确定了男性的统一费率养老金的领
取资格年龄将在 2001—2013 年期间提高到 65 岁,女性的资格年
龄将在 2006—2018 年期间提高到 65 岁。2000 年的养老金改革
决定,在 2013—2025 年期间把男性的收入相关部分的领取资格
年龄从 60 岁提高到 65 岁,女性则是在 2018—2030 年期间从 60
岁提高到 65 岁。第一次改革是在日本“泡沫经济”崩溃后进行

的,而第二次改革进行时,失业率迅速上升。这两项改革是在老年劳动者的劳动力市场改善前景渺茫时进行的,这意味着政府别无选择,只能强调提高强制退休年龄和继续就业的做法。

第二,在日本,由于人口老龄化速度比预测发展得要快,公共养老金制度的财政可持续性在 20 世纪 80 年代受到质疑。另一方面,当时日本年轻劳动者的失业率并没有大幅上升。从政策制定者和专家的角度来看,公共养老金体系不确定的财务健康状况使得养老金资格年龄不可避免迟早会提高。年轻一代相对稳定的劳动力市场状况,更不用说老一代人高度的职业道德,在很大程度上解释了为什么日本政府没有致力于推进老年劳动者提前退休。

2004 年的养老金改革,旨在大幅改善公共养老金制度的财政可持续性。政府在改革时表示,其"宏观经济调整"以及养老金保险费的计划性上调,保障了公共养老金体系的长期可持续性,调整的目的是根据出生率和寿命来改变养老金的价格和工资指数。然而,许多政策制定者和专家现在认为,因为低生育率、快速老龄化和经济停滞,需要进一步提高领取养老金的资格年龄,以保持公共养老金制度的财政的可持续性。日本公众也同意,如果老年劳动者的就业机会能够得到保障,提高领取养老金的年龄是比削减养老金福利或提高养老金保险费更好的解决方案。因此,日本政府着手促进 65 岁及以上老年人的就业,以回应民意和人口寿命的延长。

第三个影响涉及日本养老金水平如何影响劳动力市场和老

年人的行为。与其他经合组织国家相比,有稳定就业历史的个人的养老金福利水平绝对不低。雇员养老金计划中,一个标准的男性养老金受益人如果缴纳养老保险 40 年、终身收入水平达到平均数、配偶无工作经历,其所得替代率(即他和他的妻子领取的福利金,包括基本养老福利金与男性劳动者平均工资之和)就会超过 50%,即使在通过"宏观经济调整"减少福利金之后也是如此。公共系统内的再分配效应水平相对较高。尽管如此,养老金数额低的老年人比例很大,部分原因是长期以务农作为收入来源或从事自由职业的养老金受益人比例相对较高(Yamada 2009)。换句话说,老年人的收入不平等相对较大。

在福斯特(Förster)和米拉 · 德尔科尔(Mira d'Ercole)(2005)研究的 25 个经合组织成员国中,日本的相对贫困率排名第七。山田(Yamada,音译)(2009)以及凯西(Casey)和山田(2002)解释说,日本是相对不寻常的,因为老年人的收入不平等程度大于年轻人群体。因此,正如本章下一节所述,难怪老年人工作的原因主要在经济方面。清圭(Seike,音译)和山田(2004)指出,政府养老保障政策背后的基本理念是通过养老金和劳动收入来保障劳动者晚年的生计,而不仅仅是通过养老金收入,对 60 至 69 岁的劳动者尤其如此。这一假设很可能会继续作为政府政策的基础,因为养老金福利水平在未来几十年内预计将会下降。

第四个是养老金福利对老年人劳动力供应的影响。关于这一点,国际上已经结合老年人的养老金和就业政策进行了广泛讨论。在日本,暂停雇员养老金对劳动力供应的影响引起了经济学家的注意。①根据暂停雇员养老金福利制度,如果有资格享受雇员养老金计划中老年福利的人在雇员养老金计划覆盖的营业场所工作,则可以暂停全部或部分养老金福利。这项规则不适用于兼职或临时工,具体取决于工作时长、就业期限和其他条件。雇员养老金方案已经修订了几次,表 8.4 显示了它目前的运作方式(日本年金机构[Japan Pension Service],2012;Shimizutani 2012)。

表 8.4 暂停雇员养老金福利

对于 60 至 64 岁的人:
1. 如果月工资和雇员养老金福利之和等于或小于 28 万日元→养老金金额不暂停。
2. 如果月工资和雇员养老金福利之和超过 28 万日元→超出金额部分的养老金金额一半被暂停。
3. 如果月工资超过 46 万日元→超出部分的总额被暂停。
对于 65 岁及以上的人:
1. 基本养老金不减少。
2. 如果月工资和雇员养老金福利之和等于或小于 48 万日元→养老金金额不暂停。
3. 如果月工资和雇员养老金福利之和超过 48 万日元→超出金额部分的养老金金额一半被暂停。

注:月工资包括年度奖金的十二分之一。

———————————

① 这项福利的原名是在职老龄年金(Zaishoku Rorei Nenkin),如果直译的话,意思是在职(或工作期间)的老年福利。请注意,不同的作者使用了不同的英语单词来指代这种福利。例如,清水谷(Shimizutani,音译)(2012)使用"社会保障收入测试"一词来指代这一福利。

经济学家指出，这项福利可能相当于对工资收入征收高税率税，并起到对工作产生抑制作用。关于这一话题的实证研究已经有很多，如清水谷（2012）研究发现它会打击工作积极性。岩本（Iwamoto，音译）（2000）通过使用伪面板数据分析技术，估计养老金福利的暂停将60至64岁男性的就业率降低了5%。大石（Oishi，音译）和押尾（Oshio，音译）（2000）估计，养老金数额的减少使60至64岁的人退休的可能性增加了4%至7%。小川（Ogawa，音译）（2009）在回顾一些研究时，也证实了暂停养老金福利的类似作用。

尽管有缺点，但这项福利仍然存在，其中一个原因是历史原因：暂停的雇员养老金福利是为了满足就业收入低的老年劳动者的需求而推出的。然而，在目前情况下，增加老年人劳动力供应是政府的重要政策目标，对劳动力供应的负面影响越来越重要。

就业、劳动力市场和老年劳动者的态度

图8.1显示了55岁及以上人口就业率的变化。65岁及以上人口的就业率从1992年的25.1%到2004年的19.4%，下降了6%，但此后一直保持稳定。2002年，60至64岁人口的就业率降至50.6%，直到2010年才再次上升，至57.1%。对于55至59岁的人来说，1997年至2002年，这一比率下降了2%，然后在2000年逐渐上升到74.5%。据估计，养老金领取资格年龄的提

高、福利金的减少以及政府对老年劳动者的就业援助计划是2000 年后就业率上升的原因。押尾等人（2011）利用微观数据进行的一项研究表明,自 1985 年启动的社会保障改革减少了金额支付,鼓励了更长的工作年限。

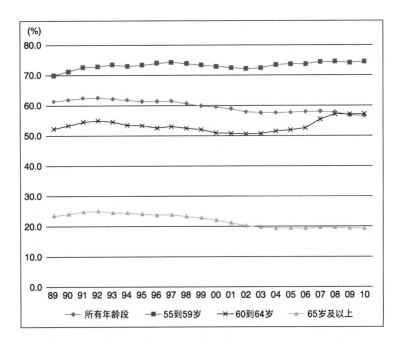

图 8.1　1989—2010 年按年龄分列的就业率

资料来源：厚生劳动省根据劳动力调查结果编写的文件。http：//www.mhlw.go.jp/stf/shingi/2r9852000001ojt0-att/2r9852000001ojx7.pdf

表 8.5 将日本 60 岁及以上人口的劳动力参与率（labour force participation rate）与其他经合组织成员国的平均劳动力参与率进行了比较。在四个年龄段的每一个当中,日本的劳动力

参与率都远高于经合组织的平均水平。在经合组织成员国中，60 至 64 岁的男性和 65 岁及以上的女性的劳动力参与率日本排名第三，65 岁及以上的男性和 60 至 64 岁的女性的劳动力参与率日本排名第五。

表 8.5　2010 年老年人的劳动力参与率

	年龄段	日本/%	经合组织平均值/%	排名
男性	60 至 64 岁	76.0	55.2	3
	65 岁或以上	28.8	17.8	5
女性	60 至 64 岁	48.9	30.0	5
	65 岁或以上	16.2	9.0	3

资料来源：经合组织《年度劳动力统计》(Annual Labour Force Statistics)。
注：经合组织平均值是经合组织国家的加权平均值。

　　表 8.6 中显示的一项国际调查（内阁府，出版日期不明）的结果，有助于洞察日本老年公民是否希望比其他发达国家的老人晚退休。该调查于 2000 年至 2001 年进行，调查对象是日本、美国、韩国、德国和瑞典 60 岁及以上的男性和女性，受访者被要求就男性和女性的理想退休年龄发表意见。超过 75% 的日本受访者选择男性的理想退休年龄在 65 岁或 70 岁左右，女性的理想退休年龄在 60、65 或 70 岁左右。韩国和其他国家不同，其独特之处在于更高比例的受访者选择理想的退休年龄为 75 岁或 80 岁左右（见第十章）。德国和瑞典老年人的答复往往集中在 60 岁或 65 岁左右，这表明退休年龄和养老金领取

资格年龄之间有密切联系。尽管由于反年龄歧视立法，美国人在选择退休年龄方面有更大的余地（见第一章），但美国老年人的回应往往集中在65岁左右。

表8.6　理想退休年龄（日本、美国、韩国、德国、瑞典）

单位：%

		日本	美国	韩国	德国	瑞典
男性	40余岁或更早	—	—	—	—	0.2
	大约50岁	0.1	0.9	0.1	0.1	0.3
	大约55岁	0.3	3.6	0.1	1.4	1.6
	大约60岁	7.4	15.4	6.2	29.7	26.8
	大约65岁	42.1	45.9	15.7	62.4	50.9
	大约70岁	33.0	16.5	36.8	3.2	2.3
	大约75岁	9.0	4.5	21.3	0.6	—
	大约80岁	3.9	0.9	14.8	—	0.1
	其他	3.9	12.3	5.0	1.9	17.9
	没有答案	0.3	—	—	0.8	—
	合计	100.0	100.0	100.0	100.0	100.0
女性	40余岁或更早	0.7	0.1	0.1	0.1	0.1
	大约50岁	2.1	2.4	1.4	1.9	0.3
	大约55岁	4.5	4.8	5.3	10.1	2.8
	大约60岁	27.6	21.9	16.5	61.7	33.6
	大约65岁	34.4	44.5	21.1	22.4	44.9
	大约70岁	19.4	9.9	27.8	1.3	1.5
	大约75岁	5.1	2.9	12.5	0.2	—

续表

		日本	美国	韩国	德国	瑞典
女性	大约 80 岁	1.4	0.8	10.8	—	0.1
	其他	4.4	12.7	4.5	1.9	16.7
	没有答案	0.4	—	—	0.5	—
	合计	100.0	100.0	100.0	100.0	100.0

资料来源：内阁府（出版日期不明）。

　　日本就业的一个特点是老年劳动者中非正式劳动者（兼职、派遣和合同工）的比例远远高于年轻一代。日本外务省（the Ministry of International Affairs and Communication）2010 年进行的劳动力调查显示，65 岁及以上的人中非正式劳动者的比例为 68.9%，而 55 至 64 岁的人中非正式劳动者的比例为44.2%，25 至 34 岁的人中非正式劳动者的比例为 25.9%，部分原因是许多劳动者在达到法定退休年龄后被重新雇用为非正式劳动者，还有部分原因是老年人很难在日本劳动力市场找到正式的工作。

　　图 8.2 显示了 55 岁及以上人口的失业率。从 2002 或 2003年到 2007 年，所有年龄组的失业率都有所下降，但由于全球金融危机，失业率再次上升。值得注意的是，2003 年至 2007年，60 至 64 岁人口的失业率大幅下降；修订后的《稳定法》规定企业有义务采取三项措施中的任意一项来保障就业到 65岁，这可能对老年劳动者的就业产生了一些影响。目前，尽管有所改善，但 60 至 64 岁的失业率仍然超过其他所有年龄组的

平均水平，而 55 至 59 岁的失业率低于其他所有年龄组的平均
水平。还应该注意的是，65 岁及以上的求职者在通过就业中心
寻找工作时面临更大的困难。2011 年，他们在就业中心的安置
率为 12.1%，相比之下，60 至 64 岁的求职者安置率为
21.2%，所有年龄组的求职者安置率为 25.3%（厚生劳动省，
2011b）。

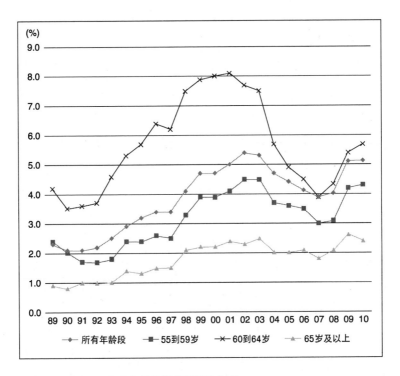

图 8.2　1989—2010 年按年龄分列的失业率

资料来源：厚生劳动省根据劳动力调查结果编写的文件。http://www.mhlw.go.jp/
stf/shingi/2r9852000001ojt0-att/2r9852000001ojx7.pdf

　　最后对于劳动者希望在超过合同规定的强制退休年龄后继续工作的原因进行分析。表 8.7 显示了日本劳动政策和培训研究所 2009 年对 55 至 69 岁的男女进行的全国调查所指出的主要工作原因（日本劳动政策和培训研究所，2012）。人们常说，在日本，许多老年人为了实现自我价值和保持健康而工作。的确有 11.1% 的受访者回答"自我实现和社会参与"，还有 4.3% 的受访者回答继续工作对健康有益。尽管如此，受访者中表示经济原因是保住工作最重要原因的比例非常高。男性比女性更倾向于选择"经济原因"，女性更倾向于选择"自我实现和社会参与"或"健康原因"。经济原因对于 65 岁及以上的人来说，远不如对 60—64 岁或 55—59 岁这两个年龄段的人重要，这可能是因为 65 岁及以上的人大多有资格领取养老金。这项调查强化了人们的认识，即日本老年人之间巨大的收入差距意味着，相当多的老年人如果不从事有酬工作就无法维持生计。

表 8.7　按性别和年龄分列的主要工作原因

	工作原因						
	合计	经济原因	健康原因：工作有益健康，等等	自我实现和社会参与	被说服去工作	打发时间	其他
合计	100.0	67.4	4.3	11.1	5.5	4.6	4.2
男性	100.0	73.5	3.6	8.8	5.0	3.1	3.2
55—59	100.0	84.7	0.8	6.5	1.2	0.6	3.9

	工作原因						
	合计	经济原因	健康原因：工作有益健康，等等	自我实现和社会参与	被说服去工作	打发时间	其他
60—64	100.0	73.2	4.4	7.6	5.5	3.8	2.9
65—69	100.0	53.0	7.5	15.3	11.2	6.7	2.3
女性	100.0	58.7	5.4	14.3	6.3	6.7	5.7
55—59	100.0	68.0	1.8	12.3	3.9	5.7	5.1
60—64	100.0	56.9	5.3	16.2	5.6	7.7	5.3
65—69	100.0	44.5	12.0	15.4	11.7	7.0	7.2

资料来源：日本劳动政策和培训研究所（2010）《老年人就业和工作调查结果》（Results of Survey on the Employment and Work of Older People）。（http://www.jil.go.jp/press/documents/20100705.pdf）

结 论

合同强制退休制度是日本在20世纪50年代末和60年代经济快速增长时期，作为就业实践不可或缺的组成部分而建立的。当时强制退休年龄主要定在55岁，渐渐地，强制退休年龄和养老金领取资格年龄之间的差距被视为一个需要政府解决的社会问题。20世纪70年代中期，当经济高速增长期结束，政府颁布了提高合同强制退休年龄的政策。此后，政府的老年人就业政策鼓励雇主保障60岁以上的人就业，尽管给出的工资较低。

　　与许多西方国家不同,日本从未经历过年轻劳动者,即二三十岁的人严重失业的问题,这是日本政府从未像 20 世纪 70 年代和 80 年代许多北美和欧洲国家那样,鼓励老年劳动者提前退休的主要原因之一。另一方面,自 20 世纪 80 年代以来,日本公共养老金制度的财政可持续性一再受到质疑。自 1985 年以来进行的一系列改革都旨在改善养老金制度的未来财政前景。为实现这一目标而采取的手段包括:提高养老金领取资格年龄、提高养老金保险费和减少福利。相应地,对政府和劳动者来说,保障能够就业到领取养老金的年龄变得更加重要。1994 年,法律禁止公司将法定退休年龄设定在 60 岁以下。2004 年,法律规定,公司有义务保障就业到 65 岁,要么提高强制退休年龄,要么废除强制退休,要么实行继续就业安排。

　　与老年劳动者退休和就业有关的政府措施受到了一般就业政策的影响。日本在 20 世纪 60 年代的就业政策被描述为"面向外部市场"的政策,因为它重视促进劳动力流动的措施,以便在工作技能和工作类别的基础上建立现代劳动力市场(Hamaguchi 2004:35 - 45)。1973 年第一次石油危机后,政府政策转向"内部市场"导向,强调企业内部的就业保障。在 20 世纪 90 年代后半期,就业政策再次转向外部市场导向,制定了促进劳动力流动而不失业的目标,并允许派遣劳动者和就业安置服务的增加。从这个角度来看,人们可能想知道,为什么针对老年劳动者的就业政策在 21 世纪 00 年代持续强调企业内部的就业保障,例如 2004 年和 2010 年对《稳定法》的修订。

在考虑这一问题时需要注意的是，作为对 2004 年《稳定法》修订的回应，不到 20% 的公司将退休年龄提高到 65 岁或废除了退休年龄。绝大多数雇主的回应是引入或延长继续就业安排，在实施这些安排时，一半以上的雇主制定了选择劳动者的标准（这种做法自 2012 年起被禁止）。此外，绝大多数公司在继续就业的安排下重新雇用劳动者时降低了工资。考虑到所有这些因素，将政府的老年劳动者退休和就业政策视为雇主导向而非雇员导向是恰当的。

虽然日本的就业实践发生了重大变化，但正式劳动者退休前的就业保障在很大程度上得以维持。在解雇或对雇员工作条件进行不利改变方面，雇主受到法规和判例法的约束。在这种情况下，强制退休和再就业制度可被视为便于解雇或改变老年劳动者工作条件的一种机制，因为几乎没有其他机制可用。

老年劳动者退休和就业的替代办法是进行反年龄歧视立法，禁止强制退休这一做法（见第一章和第十章）。劳动部在 20 世纪 90 年代设立的一个调查委员会讨论了这一方法，但没有得到劳动部采纳，也没有得到雇主、工会和主要政党的支持（Seki 2009）。雇主不会接受禁止合同强制退休，因为如果禁止，他们将失去一个重要的工作场所调整手段。为了使废除强制退休成为现实的选择，可能有必要以某种形式削弱关于解雇和工作条件不利变化的其他规定。然而，工会认为，这将恶化老年劳动者的就业状况，并将创造大量低工资和不稳定的工作岗位。

另一方面，有人批评目前的政府政策过于注重对正式劳动者的保护,而忽视了从事非正式工作的老年劳动者的利益(Hamaguchi 2012)。一些研究人员探索了引入反年龄歧视立法的可能性(Seki 2009)。在不久的将来,反年龄歧视的方法有可能得到更广泛的讨论。在日本社会目前的政治和经济环境下,很难预测老年劳动者退休和就业政策的未来方向。正如第二章所概述的那样,随着生育率的急剧下降和人口老龄化,日本未来将不可避免地面临劳动力短缺和养老金制度更大的财政问题。因此,扩大老年人的就业机会将继续是政府政策的重要目标。

参考文献

Cabinet Office (2012) *Annual Report on the Aging Society* 2012(《2012年老龄社会年度报告》), Online. Available HTTP: < http://www8. cao. go. jp/kourei/whitepaper/w-2012/zenbun/24pdf _ index. htm > (accessed 8 December 2012).

—— (n. d.) *Results of the 7th International Survey of the Life and Consciousness of the Elderly* (《第七届国际老年人生活和意识调查结果》), Online. Available HTTP: <http://www8. cao. go. jp/kourei/ishiki/h22/kiso/zentai/ index. html> (accessed 8 December 2012).

Casey, B. and Yamada, A. (2002) 'Getting Older, Getting Poorer?: A Study of the Earnings, Pensions, Assets and Living Arrangements of Older People in Nine Countries' (《越老越穷?:九个国家老年人收入、养老金、资产和生活安排研究》), *OECD Labour Market and Social Policy*

Occasional Papers(《经合组织劳动力市场和社会政策专题文件》)，60. Online. Available HTTP：<http://dx. doi. org/10. 1787/345816633534 >（accessed 8 December 2012）.

Förster，M. and d'Ercole，M. （2005）'Income Distribution and Poverty in OECD Countries in the Second Half of the 1990s'(《20 世纪 90 年代后半期经合组织国家的收入分配和贫困》)，*OECD Social*，*Employment and Migration Working Papers*（《经合组织社会、就业和移民文件》)（DELSA/ELSA/WD/SEM1）.

Hamaguchi，K. （2004）*Labour Law Policy*[in Japanese]（《劳动法政策》[日文]），Kyoto：Minerva Shobo.

—— （2012）'The Present State of Employment Policy for Older Workers'[in Japanese]（《老年劳动者就业政策现状》[日文]），*Quarterly Labour Law*（《劳动法季刊》)，236：188 - 203.

Iwamoto，Y. （2000）'The Social Security Earnings Test and the Labour Supply of the Elderly'[in Japanese]（《社会保障收入测试和老年人的劳动力供给》[日文]），*The Quarterly of Social Security Research*（《社会保障研究季刊》)，35(4)：364 - 376.

Japan Institute for Labour Policy and Training（JILPT）（2012）*The Present State and Challenges of Employment of Older Workers*[in Japanese]（《老年劳动者就业的现状和挑战》[日文]），Tokyo：JILPT.

Japan Pension Service（2012）*Pension While You Work*[in Japanese]（《工作时的养老金》[日语]），Online. Available HTTP：< http://www. nenkin. go. jp/n/www/service/detail. jsp？ id = 3237 >（accessed 8 December 2012）.

Kikuno, K. (1988) 'Mandatory Retirement' [in Japanese] (《强制退休》[日文]), in T. Nakajo and K. Kikuchi (eds.) *History of Labour Management*(《劳动力管理历史》), Tokyo: Chuo-keizai sha.

Ministry of Health, Labour and Welfare (MHLW) (2004) *Changes in the Proportion of Firms that have a System of Mandatory Retirement in Place* [in Japanese] (《实行强制退休制度的公司比例的变化》[日文]), Online. Available HTTP: < http://www. mhlw. go. jp/toukei/list/39 - 16. html> (accessed 8 December 2012).

—— (2007) *On the Prohibition of Age Limits in Recruitment* [in Japanese] (《关于禁止招聘年龄限制》[日文]), Online. Available HTTP: < http://www. mhlw. go. jp/shingi/2007/06/dl/s0622 - 5e. pdf > (accessed 8 December 2012).

—— (2011a) *Results of the Survey of the Employment Situation of the Older Persons* [in Japanese] (《老年人就业状况调查结果》[日文]), Online. Available HTTP: < http://www. mhlw. go. jp/stf/houdou/ 2r9852000001r7s6. html>

—— (2011b) *Annual Report on Labor Market* [in Japanese] (《劳动力市场年度报告》[日文]), Online. Available HTTP: < http://www. mhlw. go. jp/stf/houdou/2r9852000000780o. html> (accessed 8 December 2012).

—— (2012a) *Results of the Survey of the Employment Situation of the Older Persons* [in Japanese] (《老年人就业状况调查结果[日文]》), Online. Available HTTP: < http://www. mhlw. go. jp/stf/houdou/ 2r9852000002m9lq. html> (accessed 8 December 2012).

—— (2012b) *Results of the General Survey on Working Conditions* [in Japanese] (《工作条件普查结果》[日文]), Online. Available HTTP: < http://www. mhlw. go. jp/toukei/itiran/roudou/jikan/syurou/12/gaiyou02. html> (accessed 8 December 2012).

National Institute of Population and Social Security Research (NIPSSR) (2012) *Population Statistics 2012* (《2012 年人口统计》), Online. Available HTTP < http://www. ipss. go. jp/p-info/e/Population% 20% 20Statistics. asp> (accessed 31 December 2012).

OECD (2004) *Ageing and Employment Policies: Japan* (《日本的老龄化与就业政策》), Paris: OECD.

Ogawa, H. (2009) 'Labour Supply of the Elderly' [in Japanese] (《老年人的劳动力供给》[日文]), in A. Seike (ed.) *The Way the Elderly Work*(《老年人的工作方式》), Kyoto: Minerva Shobo.

Ogihara, M. (1984) *History of Retirement* [in Japanese] (《退休史》 [日文]), Tokyo: Nihon Rodo Kyokai.

Oishi, A. and Oshio, T. (2000) 'Social Security Wealth and the Retirement Decision' [in Japanese] (《社会保障财富与退休决定》[日文]), *The Quarterly of Social Security Research* (《社会保障研究季刊》), 35(4): 405 – 419.

Oshio, T. , Sato, A. , Oishi, A. and Shimizutani, S. (2011) 'Social Security Reforms and Labour Force Participation of the Elderly' (《社会保障改革和老年人参与劳动力》), *Japanese Economic Review* (《日本经济评论》), 62(2): 248 – 271.

Saguchi, K. (2000) 'What is Mandatory Retirement: Institutional and

Historical Analysis of Retirement Process' [in Japanese] (《什么是强制退休：退休过程的制度分析和历史分析》[日文]), *The Journal of Economics*(《经济学刊》), 66(3)：51 – 81.

Seike, A. and Yamada, A. (2004) *Economics of Work in Old Age* [in Japanese] (《老年工作经济学》[日文]), Tokyo：Nihon Keizai Shinbunsha.

Seki, F. (2009 'Employment Laws for the Aged' [in Japanese] (《老年人就业法》[日文]), in A. Seike (ed.) *The Way the Elderly Work*(《老年人的工作方式》), Kyoto：Minerva Shobo.

Shimizutani, S. (2012) 'Social Security Earnings Test and the Labour Supply of the Elderly：New Evidence from Unique Survey Responses in Japan'(《社会保障收入测试和老年人的劳动力供给：来自日本独特调查答复的新证据》), *Japanese Economic Review*(《日本经济评论》), Available Online, doi：10. 1111/j. 1468 – 5876. 2012. 00580. x.

Sumiya, M. (1981) *The Present Labour Problems* [in Japanese] (《当前劳工问题》[日文]), Tokyo：Nihon Rodo Kyokai.

Yamada, A. (2009) 'Income Security for the Aged' [in Japanese] (《老年人的收入保障》[日文]), in A. Seike (ed.) *The Way the Elderly Work*(《老年人的工作方式》), Kyoto：Minerva Shobo.

Yashiro, A. (2009) 'Extension of Retirement Age or Continued Employment?' [in Japanese] (《提高退休年龄还是继续就业?》[日文]), in H. Sato (ed.) *Personnel Management*(《人事管理》), Kyoto：Minerva Shobo.

第九章 | 迈向退休的移民：韩国老年人移民加拿大之后的生活

金 安①

引 言

　　人们会因为很多原因从出生国向国外移民。移民流动在很长时间以来都被认为是受出生地和迁入国的相关情况所影响，然而，现代理论体系还强调了历史、制度、国家、边境政策以及不同地区之间的各种联系等因素的重要性（Bauböck 2001；Kim 2007；Massey et al. 1993）。自从加拿大传教士于19世纪末和20世纪初第一次登陆韩国以来，一直有韩国人为了能够成为传教士的助手而前往加拿大进行学习（Yoo 2002）。虽然有着相对较长的历史联系，但加拿大并不允许韩国及其他非欧洲国家的移民永久定居，直到20世纪60年代加拿大放宽移民政策，不再把原国籍视作移民永久定居的限制条件。从此之后，加拿大的韩国移民数量不断增加，2006年加拿大人口普查显示，在加韩国移民人数众多，将近15万人（2006年人口普查[2006 Census of

① 加拿大多伦多约克大学社会学系副教授。研究领域是移民和种族融合过程，以及这一过程如何受到原籍地和目的地的社会、经济和政治的条件和制度的影响。

Population]）。

　　韩国移民迁入加拿大的早期阶段,也就是在 1975 年之前,特点是特定人群(如留学生和年轻家庭)的移入。如今,在加韩国人这一群体内部比较多元,这与一系列导致本国国民移民外国的因素和吸引外国人来本国定居的因素及两国的边境政策有关。为了更好地理解一个民族群体融入社会的形式与结构,必须考虑到该群体的内部多样性。韩国人社区由不同的群体构成,因其移民身份和移民世代(例如现在有第三代在加韩国人)、入境类别(如留学生、外国工人、技术工人等等)、到达时间(如更早期移民和新来移民)、当前生活阶段和移民时的生活阶段(如年轻人、中年人、老人)不同而有所不同,这些差异塑造了群体经历和移民面临的挑战。

　　本章重点关注老年韩国移民群体,着重分析影响韩国人晚年移民加拿大的几大因素,以及他们移民时的年龄和相应的在加拿大居住的时间长短如何影响移民后生活的方方面面。韩国到加拿大的老年移民潮将被放在更广阔的社会、政治和经济背景下,尤其突出了和韩国的退休状况有关的客观条件和加拿大的移民政策。本章的后半部分将会引述 55 岁及以上的老年韩国移民的生活经历,根据他们来到加拿大的年龄进行对比,主要关注的是收入保障问题。分析是基于 2006 年加拿大人口普查数据和来自两个独立研究的焦点小组数据。

韩国的退休环境和移民加拿大

因为其他章节广泛地讨论了韩国的退休政策和退休实践，读者可以参考那些章节来获得更深入的描述和分析。本节将简要讨论移民离开韩国并来到加拿大的与退休相关的原因，以及一些促使他们移民的边境政策。这一讨论基于老年移民和影响他们作出老年移民决定的结构因素的相关文献。

2009 年在新不伦瑞克省（加拿大的十个地方司法管辖区之一）多地开展的焦点小组讨论活动中，围绕工作和退休的主题作为离开韩国的原因出现，仅次于孩子的教育问题（这项研究的更多详细情况见 Kim and Belkhodja 2012）。该项研究主要关注的并不是退休背景和移民决策，而是移民动机和定居经历。在四个焦点小组中，两个小组具体谈到了退休的话题。其中一组（新不伦瑞克第三组）有一名受访者分享了其作出移民决定的心路历程，而在另一组中（新不伦瑞克第四组），参与者之间进行了更多讨论。

我们两人［受访者和她的丈夫］当时都在工作，我们思考了未来十年的生活——当时韩国向国际货币基金组织（International Monetary Fund）借款，正处于经济困难时期。我为此思考了很多，认为我们应该在更年轻的时候离开韩国。所以，我们考虑了我们自己的老年生活和我们的孩子……我不想让我们的孩子经历韩国的教育体系。

（新不伦瑞克第三组，女性）

1号受访者（男）：我曾经是一名工薪族，我工作的时候就计划在35岁或40岁辞职。我决定搬到乡下，并辞去了工作。当我在韩国乡下[想自己创业]的时候，有一个新不伦瑞克的移民展览活动……我和我的妻子讨论了移民问题，之后我们就来这里了。

2号受访者（男）：我认为我们的想法是相似的……我觉得所有的丈夫都有相同的想法。

3号受访者（女）：……我的丈夫在韩国的外企上班，那家公司……被收购了……所以他不得不荣誉退休了……

（新不伦瑞克第四组）

焦点小组的很多受访者通过新不伦瑞克省的省提名计划，以商务移民身份来到加拿大。进入该省时，移民需要拥有30万加元的净资产，并进行至少12.5万加元的商业投资。当被问及如何获得该笔资金的时候，韩国移民说除存款和财产之外，"如果在韩国大公司工作了20年，等到退休的时候，你可以拿到超过5亿韩元的钱（约50万加元）"（新不伦瑞克第三组，男性）。即使能拿到这么多钱，但一想到四五十岁就退休，而孩子还在上学，就会让人心神不宁。难怪移民会成为一个可行并诱人的选择，也难怪会有"搞笑的是……有人在被解雇前"（新不伦瑞克第四组，男性）就已经移民的故事流传开来。

1997 年经济危机（或国际货币基金组织危机）造成的影响之一是韩国人移民海外。经受这次经济危机之后，韩国人向国外的移民由连续多年下降转为增长（Kim 2004）。经济危机对人们安全感的冲击非常严重，韩国居高不下的失业、不充分就业和不稳定就业，以及不断加大的贫富差距，都让人们感觉岌岌可危，认为韩国政治经济形势很不稳定（Kim 2004）。此外，除了经济危机，韩国当时还发生了一些重要的社会和文化变革，也使人们产生了去意。这些变革有的直接影响到有孩子的家庭，比如 1997 年小学阶段英语教育的引入，还有社会对父亲身份的认知从赚钱养家者到照料家庭者的转变（Kwon and Roy 2007）。家庭观念的变化非常明显，在焦点小组受访者中，有一些人表达了希望父亲能有更多的时间来陪伴孩子的强烈愿望。

前文所述各种状况的累积效应，明显地体现在韩国移民到达加拿大时的年龄上。图 9.1 根据加拿大 2006 年人口普查的数据绘制，展示了 1996 年至 2006 年间到达加拿大的特定少数族裔的移民年龄。与白人、华人、南亚人、黑人和拉美人相比，韩国移民比较突出的特点是 20—29 岁的年轻人比例较低。相反，韩国移民中最多的是由儿童和少年组成的最年轻的年龄组，以及 40 岁到 54 岁这个年纪第二大的年龄组。这种结构反映了新不伦瑞克省的韩国移民在本国的工作和退休经历，同时也反映了他们希望孩子能在一个竞争不那么激烈的环境中受教育的心愿。这清楚地表明，韩国人是在韩国工作了一段时间后举家来到加拿大。这种晚年迁移的趋势给移民带来了特别的挑战，这点将在本章的后半部分进行探讨。

移民中另外一个有趣的人群是年龄最大的老年移民人群。虽然与其他年龄段移民相比，55 岁及以上的韩国移民比例没那么高，但老年人的移民模式也以类似的方式构成。对于移民的理解框架，强调原籍地和目的地的条件、历史关系和边境政策。就原籍地的条件来说，不理想的条件很明显是老年人离开的主要动因（McDonald et al. 2001）。直接影响韩国老年人的社会文化变化包括：三代同堂家庭的减少（Kweon 1998）、老年人的贬值（Mjelde-Mossey and Walz 2006；Palley 1992）、过早退休导致的更长时间的依附（Kwon 2003），以及国家扩大了社会福利却加剧了老年人之间的不平等（Park 2007）。韩国很多老年人因为这些情况而遭受情感上和经济上的双重压力和不安全感（Chung 2001）。

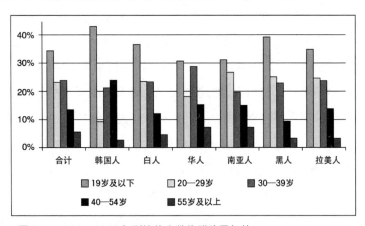

图 9.1 1996—2006 年到达的少数族群移民年龄

注：2006 年人口普查公用微数据文件（Census Public Use Microdata File，PUMF），私人家庭，不包括非永久居民。

　　有了离开一个地方的愿望后，移民要作出去哪里定居的决定。决定去哪里，要考虑到政治、社会和经济因素。和难民不同，移民的行动通常更慎重，受个人偏好、对机会的认识、对一个地方的了解或熟悉程度、亲友关系以及移民政策的影响。

　　对在加拿大的韩国永久移民来说，他们移民到加拿大的原因包括子女教育和为了家庭有更好的未来（Kim et al. 2012），这与加拿大来自其他地区的移民动机一致（加拿大统计局［Statistics Canada］，2005）。对于移民加拿大的韩国老年人来说，其移民动机和其他移民的老年人相似，主要是为了离家人近一些。例如，对多伦多市老年韩国移民的焦点小组访谈中，一名女性受访者说明，她本人并没有移民加拿大的愿望，但是她的女儿坚持让她来，还给她提供经济支持。

　　老年人移民的两个关键因素是家庭和自主控制权，2001 年分别在加拿大不同地区开展的两个调查有着非常相似的发现。在埃德蒙顿市，一个针对 60 岁及以上南亚老年移民的调查发现，在年纪较大时移民的人中，有 81% 是出于家庭原因而移民，而这一比例在较年轻时移民的人中只有 47%（Ng et al. 2007）。2001 年在安大略省进行的另一个针对新来的老年移民的调查研究发现，有 70% 的受访者来到加拿大是为了和子女在一起，5% 的受访者是为了离家人近一些，4% 的受访者是为了照顾家庭（McDonald et al. 2001）。在这项研究中，将近 90% 的受访者由子女资助，有 80% 的受访者说他们自己有意愿移民加拿大。值得注意的是，有接近 9% 的受访者表示他们不知道或者无法说清楚自己到底想不想来加拿大。此外,有22%的人说他们对自己的移民决策几乎没有自主控制权。老年人对移民决定的自主控制程度是晚年移民的重要方面,需要更多关注。

不管自愿还是非自愿,如果没有便于离开一地、进入另一地的边境管控政策,就无法执行移民的决定。从历史上看,韩国对公民的移出管控严格,而加拿大对公民的移出没有管控。有更大的移出自主权,那么入境政策在调节和塑造移民流动方面变得更加重要也就不足为奇。韩国移民一直可以通过多种移民计划向加拿大移民,2010年,加拿大接收了来自韩国的5 539名永居者、10 527名留学生和5 439名临时工(加拿大公民及移民部[Citizenship and Immigration Canada],2010)。

2005年到达加拿大的永久居民中,40%是通过独立技术工人项目(该项目会评估申请者的教育水平、职业资格、工作经验、语言能力、年龄、适应能力),大约有25%是通过商务移民项目(该项目的申请者需要证明拥有政府所规定的最低净值并在进入加拿大后的特定时间内进行商业投资),大约有15%的移民是通过省提名项目(该项目的申请者直接向省移民项目提交移民申请,无需向联邦移民项目申请),大约17%的申请者是由家庭成员资助的家庭移民(Kim et al. 2012)。一个人成为哪种类型的移民很大程度上取决于所处的人生阶段,而其到达加拿大时所处的人生阶段,又进一步影响其移民后的生活经历。

移民时所处的人生阶段和在加拿大的经历

加拿大因其种族多样性和国家对多元文化主义政策的正式支持而得到广泛认可。加拿大经常被描述为一个移民国家，2006 年，19.8%的人口出生在加拿大以外，比 2001 年的人口普查略有增加。这个百分比预计还将继续增长（加拿大统计局，2010）。移民对加拿大社会和经济发展的重要性被加拿大社会各界所认可。

虽然受到广泛认可，但是移民，尤其是非白人移民，在加拿大的生活面临巨大挑战。尽管有关成年移民面对的困难、劣势和障碍的著述甚多（Banerjee 2009；Bauder 2003），但是，很少有人关注移民时所处的人生阶段如何影响融入这一问题，尤其是老年移民和那些四五十岁移民的人。生命历程视角在这里特别有用，因为它假定迁移的影响在整个生命历程中会有所不同，而个体迁移的生命阶段将影响他们的融入（Wingens et al. 2011）。

2006 年，在加拿大全国 55 岁及以上的移民中，大约有 11%到达加拿大的时候就已经在 55 岁及以上，大约有 17%的移民到达加拿大的时候处于 40—54 岁这个年龄段（2006 年人口普查）。在韩裔老年人中，上述两个人群的占比分别为 16%和 45%（2006 年人口普查）。显然，很大一部分韩国人在中老年才移民到加拿大。老年移民者的这种不统一众所周知，新到的老年人的独特需求也已被确定（McDonald et al. 2001；Northcott and

Northcott 2010）。

利用 2006 年加拿大人口普查的数据,本章对包括移民身份、所属种族和民族、收入特征等具体信息进行了分析,并将在加拿大生活的韩国老年人按其到达加拿大的年龄进行对比。该二元分析的样本大约有 410 名韩国老年移民,代表了人口中超过 18 000 名的韩国老年移民,样本中包括在加拿大以外出生的 55 岁及以上的韩国少数族群受访者。

根据移民年龄不同,样本分为三组:到加年龄小于 40 岁年龄组(样本中占比 38.5%)、到加年龄 40—54 岁年龄组(样本中占比 45.1%)、到加年龄 55 岁及以上年龄组(样本中占比 16.3%)。在这三组中,移民年龄相对较大的两组非常值得研究,因为他们最有可能得到成年子女的资助,而且还要面对特定的社会和经济挑战。加拿大移民法规定,老年移民的成年子女在法律上有赡养父母的义务,赡养期为 10 年,这往往使老年移民在经济和情感上比较脆弱(Koehn et al. 2010)。老年移民尽管会有一些积极的生活经历,但社交互动、住房选择和医疗资源的缺乏使这些受子女资助的老年移民更容易遭受虐待和忽视,也更容易感到抑郁或失去自尊(Koehn et al. 2010)。

表 9.1 和表 9.2 展示了三个移民年龄组之间的一组对比。对于所选特征与移民年龄之间模式的探索,采用了 2006 年加拿大人口普查中的一系列社会—人口数据和经济数据。然而,该数据所呈现的模式必须谨慎对待,因为三个组别移民加拿大的时间长短不同。换言之,该分析中,更年轻时到达加拿大的移民

在加拿大居住的时间最长，这对人口普查时他们的社会和经济地位有所影响。承认这一不足非常重要，同时要谨慎解读以这种方式定义的样本所捕捉到的信息。

　　表9.1和表9.2的结果突出了根据移民到加拿大的时间，韩国移民老年人口具有的不统一性。在这项讨论中，主要关注点是在年龄较大时到达加拿大的移民的独特性。正如结果所显示的那样，这一群体与其他群体在预期方面存在明显差异。

表9.1　按照移民年龄分列的老年韩国移民特点

单位:%

		移民年龄			合计
		40 岁以下	40—54 岁	55 岁及以上	
性别 （人数＝410）	男性	46.2	57.3	34.3	50.7
	女性	53.8	42.7	65.7	49.3
年龄 （人数＝410）	55—64 岁	65.2	58.4	17.9	54.4
	65—74 岁	32.3	28.1	35.8	31.0
	75 岁及以上	2.5	13.5	46.3	14.6
到达年 （人数＝396）	1981 年前	90.2	16.4	10.6	43.9
	1981—1990	9.8	33.3	19.7	22.0
	1991—2000	—	46.9	28.8	25.8
	2001—2005	—	3.4	40.9	8.3
公民身份 （人数＝408）	加拿大人	96.2	77.7	51.5	80.6
	其他	3.8	22.3	48.5	19.4
官方语言 （人数＝410）	既非英语 也非法语	4.4	27.0	64.2	24.4
	英语/法语	95.6	73.0	35.8	75.6

续表

		移民年龄			合计
		40 岁以下	40—54 岁	55 岁及以上	
教育 （人数 = 410）	高中或以下	36.7	37.3	52.2	39.5
	大专/技校	22.2	18.9	25.4	21.2
	大学学位	41.1	43.8	22.4	39.3
就业 （人数 = 410）	在职	39.9	31.9	10.5	31.5
	失业/不列入 劳动力人口	60.1	68.1	89.6	68.5
房屋所有权 （人数 = 406）	自有住房	78.2	62.5	56.1	67.5
	租房	21.8	37.5	43.9	32.5
生活安排 （人数 = 410）	单身	6.3	14.1	20.9	78.5
	夫妇	86.1	79.5	58.2	12.2
	其他	7.6	6.5	20.9	9.3

注：2006 年加拿大人口普查公用微数据文件，加权样本包括 55 岁及以上的韩国移民。各栏原始总数因为变化因素略有偏差，但大致遵循以下分布：38.5% 的人在 40 岁以下来到加拿大；45.1% 的人在 40 到 54 岁来到加拿大，16.3% 的人在 55 岁及以上的年龄来到加拿大。

表 9.1 概述了不同年龄移民群体的各种特征。在该表中，与其他移民年龄的群体相比，在 55 岁及以上到达的人中，妇女所占比例较高。年纪更大的移民群体中，移民年龄较大的人比较小的人更多；其中 75 岁及以上的人中，46.3% 在 55 岁及以上时移民，相比之下，40 岁以下时移民的占 2.5%，40 至 54 岁时移民的占 13.5%。

在更早的人生阶段来到加拿大的韩国人年龄更小并不令人惊讶，因为韩国移民相对晚近，是从 20 世纪 60 年代末期逐渐开始的——那时只有几百个移民，他们都是带着孩子、正处于工作年龄的成年人——并在 2001 年达到顶峰，大约有 9 600 名永久居民（Kim et al. 2012）。这一较近的移民潮意味着 20 世纪 60 年代末第一波移民刚开始步入晚年。许多在生命历程后期移民的人也是近期才移民的，这些人中 40.9% 在过去 5 年内来到加拿大，但是也有超过 10% 的人在加拿大生活了超过 25 年。

就公民身份而言，移民年龄大显然是一种劣势。入籍率差异的部分原因是最近许多移民的移民年龄较晚。然而，鉴于将近 60% 的年龄较大移民群体已经在加拿大生活了 5 年多，而获得加拿大永居资格只需连续居住 3 年，因此入籍率的差异不能完全由移民年龄较晚来解释。有个有趣的事实：尽管公民身份对于更年轻时就来到加拿大、在加拿大生活了更长一段时间的移民来说更为相关，但多数年龄较大的移民者也已经拿到了加拿大的公民身份，在某种程度上，这反映了他们的身份认同感和归属感。

在老年人中，也可以观察到移民到达加拿大的年龄以及相应的在加拿大的居住时长同他们的语言隔离之间的联系。到达韩国年龄最大的那组老年移民中，几乎三分之二的人两种官方语言都不会说，而那些在 40—54 岁移民到加拿大的老年人中，大约四分之一的人存在语言隔离情况。这与过去的研究发

现一致，即大多数新来的老年人英语语言能力较差或有限
（McDonald et al. 2001），年龄最老的韩国移民同 75 岁以下的
稍年轻一些的老年人相比，他们的语言隔离程度最高（Kim
2010）。我们在多伦多市的韩国老年移民者焦点小组，是 2011
年在老年人中开展的一个关于经济保障研究的 13 个焦点小组
之一，证实了其语言技能的缺乏，并强调了语言技能的重要
性。多数受访者强调，作为移民，唯一最重要的技能就是
语言：

　　　　3 号受访者（男）：如果我能回去，我会努力学习英语。

　　　　8 号受访者（女）：我丈夫［来加拿大之前］认为他英语
　　讲得很好。但是，很快他就意识到不是这样。他听不懂别
　　人在说什么……他非常沮丧，不再练习英语了，结果变得更
　　糟。现在他连电话都不接。

　　　　　　　　　　　　　　　　　　　　　　（韩国第一组）

移民到加拿大时年龄较大的老年人拥有大学学历的可能性更
低，而两组年龄较小的韩国移民组教育水平则彼此相当，大约
2/3 的人拥有高中及以下学历，40% 左右的人拥有大学学历。
这些差异可能与韩国不同的机会结构有关，因为移民年龄较小
的群体现在的年龄也相对年轻。这两个群体的移民准入标准也
有所不同，年龄最大的移民群体可能是通过家庭担保进入加拿
大的，而年龄在 55 岁以下的移民可能是作为独立技术工人来
到加拿大的。这些差异在就业状态衡量上也有所体现，考虑到

样本中在 40 岁以下来到加拿大的老年人极有可能处于年龄组别中较年轻的一端（即目前他们之中有 65% 在 55 到 64 岁之间，与之相比，55 岁及以上来到加拿大的老年人中只有 18% 在 55 到 64 岁之间），他们当中 40% 的人仍活跃在劳动力市场上并不令人感到意外。同样不会让人感到意外的是，移民年龄最大的一组韩国老年移民得到就业机会的可能性不高，但是事实上，他们的就业率并不像预想的那么低，超过十分之一的韩国老年移民能找到工作。

在房屋所有权方面，移民年龄越大，老年人住在自有住宅的可能性就越小，这一点人们应该有所预料，因为老年移民购买房产的机会没有那么多。同时，这表明老年人的住房在一定程度上不稳定，特别是如果老年人是受他们子女合法资助的话，他们的生活安排说明了这一点。老年移民中，大约五分之一的人不是独自生活或与配偶一起生活，而是以其他方式生活。虽然多伦多市焦点小组的九位老人到达加拿大的时间和年龄各不相同，但是他们中有一半的人表示，他们和成年子女一起生活，其中两位由孩子资助。对于那些和成年子女一起生活的老人来说，往往是出于经济原因或者为了把资源汇集在一起，他们才这么做，而不是因为文化模式或者文化预期。人口普查数据并没有向我们表明在生活安排这一项上选择"其他"的老人中，有多少是多代家庭，但是几代同堂在多伦多的韩国移民家庭确实是比较普遍的生活安排，尽管这样的安排在逐渐减少（Kim 2010）。这种下降趋势与韩国的情况相似，在韩国，共同居住越发为一种暂时情况（Kweon 1998）。很明显，移民共同居住不应该被解读为文化价值观的反映，而应该更多地被解读为家庭环境的务实和经济安排，而法律要求对老年移民进行资助是造成这一现象的一个因素。

表 9.2　按照移民年龄分列的老年韩国移民收入特点

单位：%

			移民年龄			合计
			40 岁以下	40—54 岁	55 岁及以上	
公共来源	老年保障金/低收入保障补助金（人数＝410）	否	65.8	57.8	43.3	58.5
		是	34.2	42.2	56.7	41.5
	其他政府援助（人数＝410）	否	57.6	30.8	29.9	41.0
		是	42.4	69.2	71.2	59.0
	加拿大养老金计划/魁北克养老金计划（人数＝410）	否	56.3	66.5	62.7	62.0
		是	43.7	33.5	37.3	38.1
私人来源	退休养老金（人数＝410）	否	81.0	91.4	94.0	87.8
		是	19.0	8.7	6.0	12.2
	就业收入（人数＝408）	否	48.7	61.6	86.6	60.8
		是	51.3	38.4	13.4	39.2
	投资收入（人数＝409）	否	48.7	67.4	71.6	60.9
		是	51.3	32.6	28.4	39.1
	市场收入（人数＝408）	否	16.0	40.0	58.2	33.8
		是	84.0	60.0	41.8	66.2
	其他收入（人数＝410）	否	86.1	95.5	92.5	90.5
		是	13.9	6.5	7.5	9.5

			移民年龄			合计
			40 岁以下	40—54 岁	55 岁及以上	
低收入状态	低于最低收入标准（人数＝410）	否	84.8	67.6	58.2	72.7
		是	15.2	32.4	41.8	27.3

注：2006 年加拿大人口普查公用微数据文件，加权样本包括 55 岁及以上的韩国移民。各栏原始总数因为变量因素略有不同，但大致遵循以下分布：38.5% 的人在 40 岁以下来到加拿大；45.1% 的人在 40 到 54 岁来到加拿大，16.3% 的人在 55 岁及以上的年龄来到加拿大。

表 9.2 展示的是依据移民年龄差异分列的韩国老年移民的收入特征。表格中的结果表明：和更年轻的时候移民的人相比，总体来说，成年后较晚一些移民到加拿大的人靠公共来源收入为生的可能性更大。这并不难预测，因为那些在更年轻时候移民的人年龄也有可能更小（接近 55 岁），可能还在工作。具体来说，55 岁及以上移民到加拿大的韩国老年人中，有 57% 领取了老年保障金（Old Age Security）或低收入保障补助金（Guaranteed Income Supplement）。老年保障金是基于法律地位、年龄和在加拿大居住年限的加拿大公共养老金，目前提供给所有 65 岁以上符合条件的居民，无论收入和就业状况如何。年满 18 岁后必须至少居住 40 年，才有资格获得全部老年保障金。60 岁至 65 岁的低收入老年人也有资格享受老年保障金。低收入保障补助金则为老年保障金受益人中的低收入居民提供额外的每月福利。

如果算上仍在资助期间的老年人，年龄最大的移民群体对老年保障金或低收入保障补助金需求会更高。2006 年的公共用途人口普查数据显示，在 55 岁及以上才移民到加拿大的老年人中，有一半以上是在过去 10 年内迁入的，41% 是在过去 5 年内迁入的。这些数据显示，相当一部分年龄很大才到加拿大的老年移民，没有资格获得政府补助。此外，因为韩国移民的移民年龄总体相对较大，他们绝大多数在 65 岁的时候是没有资格领取全额老年保障金。在大多伦多地区焦点小组中，新近移民到加拿大的受访者谈论了他们面对的经济不稳定性：

> 7 号受访者（女）：我从在韩国的储蓄账户里取一些钱，因为我在这里没有收入来源……我无法要求女儿给我［经济］支持，因为我知道她无法负担我的生活。我怎能要求我的女儿给我经济支持呢？她养活自己的家庭就已经很难了。而且，这里的物价更高……这一切对我来说很复杂。

> 9 号受访者（女）：我现在还没有资格领取老年保障金。我靠给别人上吉他课来赚取微薄而又不稳定的收入。现在，我靠我丈夫的养老金生活……

> （韩国第一组）

加拿大公共养老金收入体系的另一大重要特征是加拿大养老金计划（the Canada Pension Plan）和魁北克养老金计划（the Québec Pension Plan）。无论职业经历和过去的收入如何，所有有资格的居民都可以享受老年保障金和低收入保障补助金，但加拿大养老金计划或魁北克养老金计划和它们不同，这两种养老金计划的领取金额，都基于居民过去工作的收入和缴纳的养老保险。移民年龄同加拿大养老金计划或魁北克养老金计划的领受率之间不是线性关系：年龄较大时移民加拿大的韩国老年移民，比那些 40 多岁或 50 出头就移民的老年人更有可能获得加拿大养老金计划和魁北克养老金计划福利，但比年龄更小就移民加拿大的人相比，获此福利的可能性要小一些。应该能预见的是，移民年龄最大的群体获得养老金的可能性最小，因为他们在加拿大的居住年限更短、收入更低或者没有收入。这三个移民群体的年龄差异并不能解释这种模式，因为加拿大养老金计划或魁北克养老金计划最高的福利率保留给了在更年轻的时候来到加拿大的人，他们也是样本中最年轻的老年人。那些在 40 岁到 54 岁之间移民到加拿大的人要申请福利，可能会等待更长的时间，这样他们就能缴纳更多保险金。另一种可能的解释是，那些 40 多岁或 50 多岁到来的移民经营着小型家族企业，给加拿大养老金计划或魁北克养老金计划缴纳的保险金非常少，或者没有。

很大一部分老年移民除老年保障金、低收入保障补助金、加拿大养老金计划、魁北克养老金计划和就业保险之外，还会领取其他政府援助，包括各级政府（联邦、省、地区或市）的转移支付、老年人住宿费用、寡妇抚恤金、工人补偿以及退税和销售税抵免。有趣的是，在所有移民年龄群体中，韩国老年移民获得其他政府援助的比例，高于获得老年保障金和低收入保障补助金的比例；两个年龄较大的移民年龄群体获得其他政府援助的水平，高于获得加拿大养老金计划和魁北克养老金计划的水平。此外，韩国老年移民的年收入中，公共收入占很大比例（Kim 2010）。

尽管移民年龄与公共来源的援助领受率之间普遍存在正相关关系，但与私人来源的关系则为负相关。也就是说，较晚移民的老年人不太可能拥有各种私人收入来源，如就业收入、投资收入、市场收入和退休养老金。同样，考虑到他们抵达加拿大时的年龄较大，这意味着在加拿大停留的时间较短，在劳动力市场的机会有限，这种模式也在预料之中。这一模式的一个例外是，在 55 岁或以上抵达加拿大的老年人中，有其他现金收入来源（如来自国外或家庭成员的收入）的老年人占一定比例（8%）。可能有一小部分有其他收入的老年人，是加拿大和韩国政府双方社会保障协议的受益者。自 1999 年以来，加拿大政府允许向韩国国民养老金计划缴费的人（或符合条件的家庭成员）领取老年和残疾福利。较晚移民的老年人拥有其他收入的比例仅略高于在 40—50 岁之间移民的老年人。

这一描述性分析清楚地表明，晚年来到加拿大的老年人靠政府援助生活，很可能只维持着非常基本的生活水平。他们在韩国移民中，往往属于年收入较低的群体，且很大一部分收入是公共来源的（Kim 2010）。正如大多伦多地区焦点小组的受访者所言，"我们努力生活得简单一些"（2 号受访者，男性，韩国第一组）。尽管焦点小组参与者的收入保障水平差异很大，但他们不太可能从私人来源获得可观的收入来提高他们的生活质量。作为一个群体，韩国老年人同许多其他种族化群体和移民群体相比，贫困率明显更高（Preston et al. 2013）。

与年纪较轻时移民加拿大的韩国老年人相比，年龄较大时抵达的韩国老年人中有40%以上生活贫困。在40岁至54岁移民到加拿大的移民中，32%的人生活在加拿大非官方的贫困线以下。移民年龄与较低收入之间的这种联系并不是加拿大独一无二的，在澳大利亚（Khoo 2012）和美国（Phua et al. 2007）等其他地方也有发现。缺乏时间获得与就业相关的养老金和满足国家资助援助的居住要求、难以适应新的环境和机构，以及家庭成员的过度保护，都可能导致移民老年人的生活方式更加没有保障。

结　论

本章的分析展示了在55岁及以上的老年韩国移民中三个移民年龄群体的相对劣势，特别是将40到54岁移民和55岁及以上移民同40岁以下移民进行了比较。调查结果显示，老年人的移民年龄是影响加拿大社会融合和经济融合的一个重要因素，特别是有关合法公民身份、语言隔离、生活安排、住房所有权、贫困、政府援助依赖和私人收入来源等问题。因此，韩国移民和其他移民的生活条件受到他们来到加拿大时的人生阶段的影响。

　　加拿大的老年人是一个不统一的群体,生命历程视角告诉我们,他们目前的情况应该从个人轨迹和移民等关键时刻来看待。作为一个群体,韩国移民受到韩国教育制度和退休环境的影响,往往在晚年带着孩子来到加拿大。因此,他们往往比其他移民群体年龄更大,并面临着如上所述的独特挑战。对许多人来说,这些挑战一直持续到退休。

参考文献

Banerjee, R. (2009) 'Income Growth of New Immigrants in Canada: Evidence from the Survey of Labour and Income Dynamics'(《加拿大新移民的收入增长：来自劳动力和收入动态调查的证据》), *Industrial Relations*(《劳资关系》), 64: 466 – 488.

Bauböck, R. (2001) 'International Migration and Liberal Democracies: The Challenge of Integration'(《国际移民和自由民主：一体化的挑战》), *Patterns of Prejudice*(《偏见模式》), 35: 33 – 49.

Bauder, H. (2003) '"Brain abuse", or the Devaluation of Immigrant Labour in Canada'(《"滥用脑力",或加拿大移民劳动力的贬值》), *Antipode*(《对映体》), 35: 699 – 717.

Chung, G. -W. (2001) 'Elders in the Family and the Strain of the Discourse of Filial Piety'(《家庭中的长辈与孝道话语的张力》), *Korea Journal*(《韩国杂志》), 41: 144 – 158.

Citizenship and Immigration Canada (2010) *Facts and Figures*:

Immigration Overview Permanent and Temporary Residents(《事实和数据：对永久居民和临时居民的移民研究》), Ottawa：Minister of Public Works and Government Services Canada.

Khoo, S. E. (2012)'Ethnic Disparities in Social and Economic Well-being of the Immigrant Aged in Australia'(《澳大利亚老年移民社会和经济福利的种族差异》), *Journal of Population Research*(《人口研究期刊》), 29：119 - 140.

Kim, A. E. (2004)'The Social Perils of the Korean Financial Crisis'(《韩国金融危机的社会危险性》), *Journal of Contemporary Asia*(《当代亚洲期刊》), 34：221 - 237.

Kim, A. H. (2007)'The Flow of Labour and Goods in Canada's International Migration System：1986 - 1996'(《加拿大国际移民系统中的劳动力和商品流动：1986—1996》), *Canadian Studies in Population*(《加拿大人口研究》), 34：241 - 268.

Kim, A. H. (2010)'Filial Piety, Financial Independence and Freedom：Explaining the Living Arrangements of Older Korean Immigrants'(《孝道、经济独立和自由：解释老年韩国移民的生活安排》), in D. Durst and M. MacLean (eds.) *Diversity and Aging among Immigrant Seniors in Canada：Changing Faces and Greying Temples*(《加拿大老年移民的多样性与老龄化：变化的面孔和灰白的鬓角》), Calgary：Detselig Enterprises Ltd.

Kim, A. H. and Belkhodja, C. (2012)'Emerging Gateways in the Atlantic：The Institutional and Family Context of Korean Migration to New Brunswick'(《大西洋新兴门户：韩国移民到新不伦瑞克的制度和家庭背

景》), in S. Noh, A. H. Kim and M. S. Noh (eds.) *Korean Immigrants in Canada: Perspectives on Migration, Integration and the Family*(《加拿大的韩国移民：移民、融合和家庭的视角》), Toronto: University of Toronto Press.

Kim, A. H., Noh, M. S., and Noh, S. (2012) 'Introduction: Historical Context and Contemporary Research'(《引言：历史背景与当代研究》), in S. Noh, A. H. Kim and M. S. Noh (eds.) *Korean Immigrants in Canada: Perspectives on Migration, Integration and the Family*(《加拿大的韩国移民：移民、融合和家庭的视角》), Toronto: University of Toronto Press.

Kim, A. H., Yun, S. H., Park, W. and Noh, S. (2012) 'Explaining the Migration Strategy: Comparing Transnational and Intact Migrant Families from South Korea to Canada'(《解释移民战略：比较从韩国到加拿大的跨国和完整移民家庭》), in P. G. Min (ed.) *Koreans in North America: Their Twenty-first Century Experiences*(《北美的韩国人：21世纪的经历》), New York: Lexington Books.

Koehn, S., Spencer, C. and Hwang, E. (2010) 'Promises, Promises: Cultural and Legal Dimensions of Sponsorship for Immigrant Seniors'(《承诺，承诺：老年移民所受资助的文化维度和法律维度》), in D. Durst and M. MacLean (eds.) *Diversity and Aging among Immigrant Seniors in Canada: Changing Faces and Greying Temples*(《加拿大老年移民的多样性与老龄化：变化的面孔和灰白的鬓角》), Calgary: Detselig Enterprises Ltd.

Kweon, S. -I. (1998) 'The Extended Family in Contemporary Korea:

Changing Patterns of Co-residence'（《当代韩国大家庭：共同居住模式的变化》），*Korea Journal*（《韩国杂志》），38：178 - 209.

Kwon, T. H. （2003） ' Demographic Trends and their Social Implications'（《人口趋势及其社会影响》）， *Social Indicators Research*（《社会指标研究》），62：19 - 38.

Kwon, Y. I. and Roy, K. （2007） ' Changing Social Expectations for Work and Family Involvement among Korean Fathers'（《对韩国父亲工作和家庭参与的社会期望变化》），*Journal of Comparative Family Studies*（《比较家庭研究杂志》），38：285 - 305.

McDonald, L. , George, U. , Daciuk, J. , Yan, M. C. and Rowan, H. （2001） *A Study on the Settlement Related Needs of Newly Arrived Immigrant Seniors in Ontario*（《对安大略新到老年移民定居相关需求的研究》），Centre for Applied Social Research, Faculty of Social Work, University of Toronto. Online. Available HTTP：< http://www. settlement. org/downloads/Settlement _ Needs _ Immigrant _ Seniors. pdf > （accessed 15 November 2012）.

Massey, D. S. , Arango, J. , Hugo, G. , Kouaouci, A. , Pellegrino, A. and Taylor, J. E. （1993） ' Theories of International Migration：A Review and Appraisal'（《国际移民理论：回顾与评估》），*Population and Development Review* （《人口与发展评论》），19：431 - 466.

Mjelde-Mossey, L. A. and Walz, E. （2006） ' Changing Cultural and Social Environments：Implications for Older East Asian Women'（《不断变化的文化和社会环境：对东亚老年女性的影响》），*Journal of Women and Aging*（《妇女与老年杂志》），18：5 - 20.

Ng, C. F. , Northcott, H. C. and Abu-Laban, S. M. （2007）'Housing and Living Arrangements of South Asian Immigrant Seniors in Edmonton, Alberta'（《阿尔伯塔省埃德蒙顿市的南亚移民老年人的住房和生活安排》）, *Canadian Journal on Aging*（《加拿大人口老龄化杂志》）,26：185 - 194.

Northcott, H. and Northcott, J. L. （2010）'Integration Outcomes for Immigrant Seniors in Canada：A Review of Literature 2000 - 2007'（《加拿大老年移民的融合结果：2000—2007 年文献综述》）, in D. Durst and M. MacLean （eds.）*Diversity and Aging among Immigrant Seniors in Canada：Changing Faces and Greying Temples*（《加拿大老年移民的多样性与老龄化：变化的面孔和灰白的鬓角》）, Calgary：Detselig Enterprises Ltd.

Palley, H. A. （1992）'Social Policy and the Elderly in South Korea：Confucianism, Modernization and Development'（《韩国的社会政策和老年人群体：儒家思想、现代化和发展》）, *Asian Survey*（《亚洲调查》）, 32：787 - 801.

Park, K. -S. （2007）'Poverty and Inequality in Later Life：Cumulated Disadvantages from Employment to Post Retirement in South Korea'（《晚年生活中的贫困和不平等：韩国从就业到退休后的累积劣势》）, *International Journal of Sociology of the Family*（《国际家庭社会学杂志》）, 33：25 - 42.

Phua, V. , McNally, J. and Park, K. -S. （2007）'Poverty among Elderly Asian Americans in the Twenty-first Century'（《21 世纪老年亚裔美国人的贫困问题》）, *Journal of Poverty*（《贫困期刊》）, 11：73 - 92.

Preston, V. , Kim, A. H. , Hudyma, S. , Mandell, N. , Luxton, M. and

Hemphill, J. (2013) 'Gender, Race and Immigration: Aging and Economic Security in Canada'(《性别、种族和移民问题：加拿大的老龄化和经济保障》), *Canadian Review of Social Policy*(《加拿大社会政策评论》).

Statistics Canada (2005) *Longitudinal Survey of Immigrants to Canada: A Portrait of early Settlement Experiences*(《加拿大移民者纵向调查：早期定居经历的画像》), Ottawa: Minister of Industry.

Statistics Canada (2006a) *Census of Population* (《人口普查》), *Statistics Canada catalogue*(《加拿大统计局目录》) *no. 97 - 562 - XCB2006006 (Canada, Code01)*.

Statistics Canada (2006b) *Census of Population*(《人口普查》), *Public Use Microdata File*(《公用微数据文件》).

Statistics Canada (2010) *Projections of the Diversity of the Canadian Population: 2006 to 2031*(《加拿大人口多样性预测：从 2006 年到 2031 年》), Ottawa: Minister of Industry.

Wingens, M., de Valk, H., Windzio, M. and Aybek, C. (2011) 'The Sociological Life Course Approach and Research on Migration and Integration'(《社会学生命历程方法与移民及融合研究》), in M. Wingens, H. de Valk, M. Windzio, and C. Aybek (eds.) *A Life-course Perspective on Migration and Integration*(《移民与融合的生命历程视角》), Dordrecht, the Netherlands: Springer.

Yoo, Y. -s. (2002) 'Canada and Korea: A Shared History'(《加拿大和韩国：共同的历史》), in R. W. L. Guisso and Y. -s. Yoo (eds.) *Canada and Korea: Perspectives 2000*(《加拿大和韩国：展望 2000 年》), Toronto: Centre for Korean Studies, University of Toronto.

第十章 | 退休的未来

肥后裕辉[1],托马斯・R.克拉森

引　言

　　绝大多数国家,尤其发达国家,现在都面临人口老龄化问题——这一点在第二章已经讨论过。人口老龄化带来很多挑战,如劳动力短缺、保持经济增速困难、养老金计划压力巨大、老年人赡养政策和制度的压力增加。在全球化环境下,日本和韩国都是比较特殊的案例。如下文详细讨论的那样,日本是老龄化社会的典型,而韩国目前经历的老龄化速度比任何国家都要快,这两个国家一起使东亚成为世界上老龄化程度最高的地区。

　　今天,日本是世界上老龄化程度最高的国家,并且会在 21 世纪保持比其他国家更高的老龄化程度。截至 2010 年,大约 7.6% 的世界人口在 65 岁及以上。作为世界主要发达地区,整个欧洲的这一比例是 16.2%。然而,日本的数值更高,以 22.7% 成为世界上老龄人口占比最高的国家,接下来是意大利(20.4%)、德国(20.4%)和希腊(18.6%)。这一年龄段在日本人口中的比例,预计到 2020 年升至

---

① 美国南卡罗来纳州安德森大学社会学助理教授。主要研究东亚(特别是日本)劳动力市场中老年劳动力参与率、退休模式和年龄歧视经历。

28.4%左右,2030年升至30.3%左右,2050年达35.6%左右,日本的老龄化水平将高于其他任何国家(联合国,2012)。

部分是为了回应公众对于日本在人口老龄化方面领先世界的日益关注,在过去十年中,一个独特的分类体系出现在日本的公共话语中,以此对人口变化水平进行排名(Coulmas 2007)。日本决策者、大学研究员和大众媒体通常用下面三个标签来衡量一个国家的老龄化阶段并对其分类:"老龄化社会"(ageing society),指65岁及以上老人占总人口比例至少7%的社会;"深度老龄化社会"(aged society),该比例至少14%;"超级老龄化社会"(hyper-aged society),该比例至少21%(Coulmas 2007)。

根据这个分类法,日本从2007年以来就进入了超级老龄化社会。日本老龄化的速度比多数发达国家都快得多,其在1970年进入老龄化社会,在1994年进入深度老龄化社会(厚生劳动省,2007)。图10.1展示的是选定国家需要多少年完成从该分类框架中的一个阶段到下一个阶段的转变,日本用了24年从老龄化社会转变为深度老龄化社会。而在多数其他国家,包括法国(115年)、瑞典(85年),同样的人口结构转变历程经历了更长的时间。在美国,这一转变仍然在进行中,预计需要73年完成。而日本从深度老龄化社会到超级老龄化社会的转变只用了13年,同样的转变预计在法国需要39年,瑞典42年,美国21年。

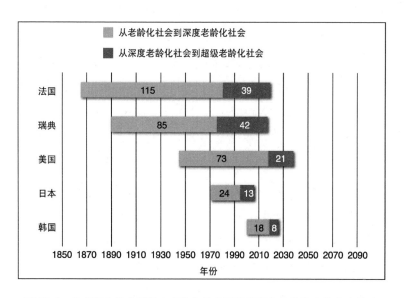

图 10.1　从老龄化社会到深度老龄化社会再到超级老龄化社会的转变速度
（选定国家）

资料来源：经合组织（2012），经合组织（2004），厚生劳动省（2010）。

　　韩国目前是深度老龄化社会，但很快就会成为超级老龄化
社会。尽管日本从 20 世纪 70 年代开始就已经经历了从老龄化
社会到深度老龄化社会的转变，但韩国目前正在经历世界最快
的人口老龄化——甚至比日本还快——并将在未来 20 年和日
本一起进入世界老龄化程度最高国家的行列。截至 2010 年，韩
国 65 岁及以上人口约占总人口的 11.1%，这个数字比世界总人
口中老龄人口（65 岁及以上）占比要高（7.6%），但是在发达国
家中仍然相对较低。然而，等到 2030 年，这个数字将飞跃至大

约 23.3%，仅次于日本（30.3%）、德国（28.0%）、意大利（26.4%）和葡萄牙（25.2%）。到 2050 年，这一数字将进一步蹿升至 32.8%，仅次于日本（35.6%）和葡萄牙（34.0%）（联合国，2012）。韩国当下所经历的人口老龄化速度史无前例，根据上文提到的分类体系，韩国在 2000 年进入老龄化社会，预计将在 2018 年进入深度老龄化社会。这一人口结构转变仅仅用了 18 年，比日本快得多（见图 10.1）。此外，到 2026 年，韩国预计将进入超级老龄化社会——日本 2007 年就进入这个阶段。这一转变预计仅需 8 年就会完成，与之相比，日本用了 13 年。人口老龄化的预期速度，使韩国成为世界上老龄化最快的国家（韩国国家统计局，2012）。

　　韩国快速老龄化的主要驱动因素包括预期寿命快速增长和生育率急剧下降的结合（经合组织，2007）。1970 年，韩国男性和女性出生时的预期寿命大约是 57.6 岁，这一数字到 2010 年猛增至 79.4 岁，即在过去 40 年间增长了 22 岁，增幅为 37.8%。这个变化速度比同期的世界平均预期寿命增速 20.5% 要高，也比日本 16% 的变化速度高（韩国国家统计局，2010）。和不断提高的预期寿命同时发生的，是女性在过去几十年时间里生孩子越来越少。韩国的总生育率急剧下降，从 1970 年每位育龄女性生育 4.71 个孩子急剧下降到 2010 年的约 1.22 个孩子，2010 年的数据甚至比日本超低的生育率 1.27 个孩子还要低（韩国国家统计局，2012）。

劳动力老龄化

为了应对当下和未来的人口和劳动力老龄化,今天的多数发达国家都被迫寻求提高公民劳动年限的方法。如果大体上更多的劳动者在达到传统退休年龄后能继续存在于劳动力市场,那将有助于增加他们老年的经济保障(Williamson and Higo 2007),也会有助于减轻老龄化相关的社会开支的预期财政负担、保持这些国家在竞争日益激烈的全球经济中的经济活力(经合组织,2007)。在这种情况下,日本和韩国的劳动力老龄化有以下两个趋势。

第一,两个国家的年长劳动者劳动力参与率显著高于其他很多发达国家。换句话说,这两个国家的劳动者和其他很多国家比起来,在经济上保持活跃的时间更长。从 2011 年开始,34 个经合组织国家中,55—64 岁男女的劳动力参与率平均为 57.8%,这个年龄段在当今很多发达国家都是非常重要的延迟退休的年龄段(经合组织,2012)。同年,日本对应的比率为 68.2%,这个参与率数值在经合组织国家中位列第六,排在前面的有爱尔兰(84.1%)、新西兰(76.2%)、瑞典(76.0%)、瑞士(71.9%)和挪威(70.5%)。韩国的数据是 63.7%,比日本低,但是比所有 34 个经合组织国家的平均值要高很多(经合组织,2012)。

第二,日本和韩国老年劳动者的劳动力参与率的性别差距,比其他很多发达国家都更加明显。和其他发达国家相比,日本和韩国的性别差距更大,至少在 55—64 岁这个年龄段是这样(参见第七章)。截至 2011 年,在经合组织国家中,55—64 岁年龄段的劳动力参与率,男性为 67.6%,女性为 48.5%,性别差距为 19.1%。在日本,同一年龄段的参与率,男性为 83.1%,女性为 53.7%,相差 29.4%;而韩国的情况是男性参与率为 78.9%,女性为 49.9%,相差 29%(经合组织,2012)。换句话说,日本和韩国的老年劳动者的高劳动力参与率,主要是因为老年男性的高劳动力参与率。

把日本、韩国相对比,我们可以发现以下特点:正如前文讨论过的,55—64 岁这个年龄段的年长劳动者劳动力参与率上,日本高于韩国,然而,如果比较两国 65 岁及以上老年人的参与率时,这个情况是相反的。两个国家中,无论男性还是女性,65 岁及以上老人的劳动力参与率都显著下降。然而,日本下降的程度要大于韩国,韩国 65 岁及以上年龄段的参与率,不管是男性还是女性,都比日本要高(韩国的情况也请参见第七章)。

正如图 10.2 所示,在 55—64 岁这个年龄段,日本男性的劳动力参与率为 83.1%,65 岁及以上年龄段的劳动力参与率为 28.4%。对于女性来说,在 55—64 岁这个年龄段,劳动力参与率为 53.7%,65 岁及以上年龄段的劳动力参与率为 13.2%。将 65 岁及以上的人群同更年轻的人群相比,男性的劳动力参与率降低了 54.7%,女性降低了 40.5%。而在韩国,男性在 55—64 岁这个年龄段的劳动力参与率为 78.9%,65 岁及以上年龄段的劳动力参与率为40.6%,对于女性来说,在55—64岁这个年龄段的劳动力参与率为48.9%,65岁及以上年龄段的劳动力参与率为21.8%。这两个年龄段男性和女性的参与率分别下降大约38.3%和27.1%。和日本相比,这些变化相对更缓和,因此,从65岁开始,这两个国家的劳动力参与率发生了反转:韩国的老年劳动者的劳动力参与率要高于日本。

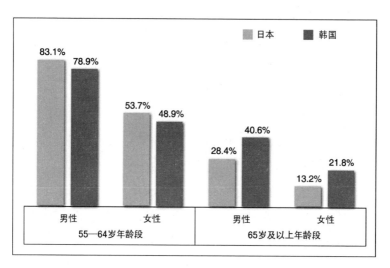

图10.2　2011年日本和韩国以性别和年龄段划分的劳动力参与率

资料来源：经合组织（2012）。

和许多其他发达国家相比,尽管当前日本和韩国的老年劳动力参与率都相对较高,但在未来几十年,两国都要面对严峻的劳动力短缺。劳动力短缺是发达国家决策者的主要关切问题,因为它可能会导致在竞争日益激烈的全球经济环境中的经济活力下降(Higo 2006)。人口结构的两个预测趋势——出生率下降、预期寿命延长，已经让日本步入了人口负增长进程。日本的总人口在 2010 年达到最高值，约 1.280 6 亿，到 2012 年，人口下降到约 1.279 6 亿。假设日本当前的生育率状况继续下去，而移民政策保持不变的话，那么预计日本人口到 2025 年将持续下降到 1.211 4 亿，到 2050 年将进一步降到 1.082 5 亿（日本国立社会保障·人口问题研究所，2012）。如前文所讨论的那样，韩国目前正经历世界上最快的人口老龄化，到 2018 年就会开始出现人口下降。作为这些人口结构转变的反映，日本预期将比韩国更早经历劳动力短缺问题，而韩国将比日本更突然地遭遇这一问题。

当前世界范围内的人口老龄化问题，会成为很多发达国家预期在不久的将来面对某种程度的劳动力短缺问题的部分原因。如图 10.3 所示，从 2000 年到 2020 年，经合组织国家的劳动力年均增长率预计将在 0.37% 左右。然而，预计在 2020 年到 2050 年间，劳动力将以平均每年 0.04% 的速度萎缩。日本已经先于其他很多发达国家经历了劳动力的萎缩：在 2000 到 2020 年间，日本劳动力每年萎缩 0.42%，而从 2020 到 2050 年间，萎缩速度将加快，劳动力预计年均减少 0.92%。与之相比，韩国的劳动力将在 2000 到 2020 年期间持续增长，年均增长率为 0.79%。然而，从 2020 年开始年均增长率突然下降，部分原因是韩国正经历世界上最快的人口老龄化。在 2020 到 2050 年期间，韩国的劳动力预计将以年均 0.91% 的速度减少——和日本同期的下降率相似。

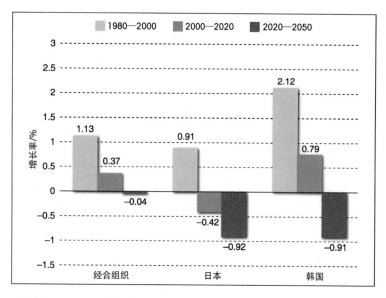

图 10.3　1980—2050 年各国劳动力年均增长率

资料来源：厚生劳动省（2005）。

日本的强制退休

半个多世纪以来，合同约定强制退休一直是日本职场和劳动力市场的主要特征（见第八章）。不管是什么职业领域、行业、组织规模，日本的大多数员工都深受基于年龄的企业政策的约束，被要求强制退休。今天，多数雇主把法定强制退休年龄设置为 60 岁，这是那些年老的劳动者继续就业、延续职业生涯的主要年龄障碍。然而，在过去几年间，越来越多的雇主开始留下超

过 60 岁的劳动者,部分响应了政府的干预。人口和劳动力老化
对国家经济活力和偿付能力的影响,在日本是引起公众关切的
重要事情。政府一直面对着设法延长老年劳动者工作年限的压
力(Yamada and Higo 2011;Williamson and Higo 2009)。因为未
来几十年的预期劳动力严重短缺,在国家人口和劳动力都快速
老龄化的情况下,政府的干预反映了和老龄化相关的社会支出
对财政造成的日益增长的负担(日本劳动政策和培训研究所
2009)。政府的努力主要集中在通过和雇主协商来提高企业政
策设置的强制退休年龄标准,继而增加劳动力市场上老年劳动
者的数量。其根本目的是延长老年劳动者的工作年限到 60 岁
以上——60 岁是该国普遍制度化的强制退休年龄(Yamada and
Higo 2011)。

从 2004 年以来,政府为雇主设置了法律义务,即留下一些
年龄超过 60 岁的劳动者。从 2013 年 4 月开始,雇主必须为年龄
达到 60 岁的雇员执行以下三种工作保障措施中的至少一种:其
一,全面取消工作场所的合同强制退休企业政策。其二,提高强
制退休的最低年龄(一般为 60 岁)至少到 65 岁。其三,重新雇
用已经达到强制退休年龄的劳动者(一般为 60 岁),并让他们能
继续工作到至少 65 岁。

为了履行这些法定义务,多数雇主选择了最后一种:重新雇
用。目前,取消强制退休的雇主非常少,因为年长雇员的工资相
对于他们的生产率来说非常高(Yamada 2012)。而如果继续雇
用,雇主必须在不改变年长劳动者的雇佣身份、工作内容或工资

的前提下,雇用他们至少到 65 岁,这会导致和取消强制退休相似的财政挑战(Higo and Yamada 2009)。因此,多数雇主选择重新雇用,作为继续雇用 60 岁以上劳动者的努力——这与继续雇用不同,并不强制要求雇主无条件保证雇佣会持续到 65 岁。相反,重新雇用仅仅要求雇主把职场工作机会向那些已经 60 岁的人开放,使他们能够继续工作到至少 65 岁(Williamson and Higo 2009)。这给了雇主较大的自主决定权,雇主可以在劳动者到了法定退休年龄后,把年长劳动者从正式雇佣身份降为非正式雇佣身份,这样,雇主能够大幅度削减雇用 60 岁及以上年长雇员的成本(Yamada and Higo 2011)。

终身雇佣是贯穿日本战后历史的最重要的劳动力市场制度,而在年龄未长时即按合同约定强制退休,作为日本广泛约定俗成的就业制度(韩国也是这样),是终身雇佣制的重要组成部分,也是终身雇佣制的系统结果。在这种制度下,劳动者通常在正式教育完成后马上得到雇用,一般为同一雇主工作到退休。这种制度的核心劳动力主要由男性正式雇员构成——全职雇佣,并很可能一直雇用到约定的退休年龄(Ono 2007)。国家没有成文法保证劳动者被终身雇佣,终身雇佣也不是一种合同状态或者法定的任何一种就业状态(Aoki 2001)。相反,终身雇佣被看作是劳、资和国家之间的不成文约定,各方的相对权利、职责和期待都表达在其中。在日本,终身雇佣是雇主、劳动者和政府之间一种隐含的——尽管已高度制度化——长期相互承诺和约定(Gordon 1998)。从大约 20 世纪 50 年代中期开始到 70 年代中期的整个战后重建时期,终身雇佣制度深植于既包括公有也包括私有的多数行业,并适用于很多职业。在此期间,企业、劳动者和国家共同致力于一个长期工程:国家的战后经济复苏和发展(Mouer and Kawanishi 2005)。

日本及韩国的终身雇佣制度有个特征,即资历制度,这种制度保证了随着雇佣时间的延长,工资会定期增长,且这种增长往往是大幅的增长(Ono 2007)。在这种加薪制度下,雇主为雇员提供经济鼓励,以便他们长期为雇主工作,继而保证了雇主能够获得稳定而高度奋发的劳动力供应,因为雇员对企业长期忠诚。雇员长期的忠诚也使得雇主能够进行长期人力资本投资,来增加组织竞争力(Ono 2007)。在这种制度下,雇主一直施行基于年龄的强制退休制度,这一制度与资历制度并行(Gordon 1998)。从经济角度看,因为雇主长期进行人力资本投资,所以如果劳动者长期保持较高的生产率,定期加薪是合理的。但是,雇主认为他们无法一直给劳动者涨薪,因为在一定年限的服务之后,劳动者的生产率不能保持继续增长。雇主还认为,他们需要分配资源给年轻的劳动者进行劳动力资本投资,继而来保持经济竞争力(Lazear 1979)。因此,终身雇佣制度的特点是雇主长期提供工作保障、施行资历制度,而劳动者对公司长期忠诚,同时它还导致了强制退休制度(经合组织,2004)。

从 20 世纪 70 年代早期起,政府一直在干预劳动力市场和职场,具体目标是提高合同强制退休年龄。政府的很多干预主要是通过对《老年人就业稳定法》(下称《稳定法》)作出一系列修正来实现。在 1971 年制定时,《稳定法》规定,雇主有义务为把强制退休最低年龄从 55 岁提高到 60 岁作准备;在 1986 年的修正案中,雇主被要求制定工作场所具体举措来把强制退休最低年龄从 55 岁提高到 60 岁;在 1994 年的修正案中,政府强制雇主把最低强制退休年龄设置为 60 岁或以上。政府还发布了面向雇主的管理指南,指导他们来改革现存职场政策和实践,为未来进一步把强制退休最低年龄提高到 65 岁作准备（Higo 2006）。

日本近年来围绕强制退休的一个主要挑战,是被称为"五年空档期"的问题（Yamada and Higo 2011）。简言之,该问题指的是目前存在的劳动者退休金领取年龄（65 岁）和退休年龄（通常为 60 岁）之间的差距。

在 1994 年《稳定法》修正案通过前,1992 年,政府宣布了未来的行政计划,其内容是逐步提高从公共养老金计划的一部分——"雇员养老金计划"（下称雇员养老金）中领取福利的最低年龄。雇员养老金覆盖了日本多数从业于私营部门的劳动者,目的是给受益人提供统一费率养老金和收入相关养老金（Yamada and Higo 2011）。2000 年前,足额雇员养老金福利的领取资格年龄是 60 岁,这也是多数雇主迫雇员退休的年龄。然而,作为公共退休金计划组成部分的雇员养老金进行了一系列改革,以提高财政可持续性（厚生劳动省,2009）。1994 年,政府引入了逐渐提高养老金福利中的统一费率部分领取资格年龄的计划,初始的年龄提高（至 61 岁）在 2001 年生效,并于 2013 年达到最终的年龄,即 65 岁(厚生劳动省,2010)。此外,2000 年的一项养老金改革,计划提高雇员养老金中的收入相关养老金领取资格年龄,将于 2013 年初步生效,并于 2025 年定案(经合组织,2004)。在这些改革规划下,从 2012 年起,虽然雇员养老金中的收入相关部分仍然可以从 60 岁开始领取,但是统一费率部分直到 64 岁才能领取,并且在 2013 年,将直到 65 岁才能领取(厚生劳动省,2010)。

因为雇员养老金中统一费率部分领取年龄的提高,《稳定法》在 1998 年再次修订。修正案迫使雇主努力保障雇员能工作到 65 岁。然而,政府发现,到 2004 年,只有 16% 的雇主修正了他们的强制退休制度来遵守此行政要求(厚生劳动省,2007)。政府和劳动者关切的是,雇主的迟疑会使这个国家老年人的经济保障面临极大风险,尤其是对于那些 60—65 岁的老人来说。因为有这五年空档期,劳动者有强烈的在 60 岁以后继续工作的经济需求,可他们仍然在 60 岁时面临强制退休。人们期待《稳定法》的修正有助于解决老年人强制退年龄和领取足额养老金(统一费率养老金和收入相关养老金)年龄之间的"五年空档期"问题(Higo and Yamada 2009)。

在这种情况下,政府强化了法律效力(日本劳动政策研究·研修机构[Japan Institute for Labour Policy and Training],2009)。政府明确承认:在当今国内和国际经济下行的趋势下,很多雇主面临着越来越大的压力,要求他们降低人力资源成本以保持组织竞争力(Higo and Yamada 2009)。为了助力雇主顺利履行法律义务,《稳定法》2006 年修正案为雇主提供了前述三种选择——包括重新雇用的选项——以此作为对雇主的激励,让他们能够雇用雇员到至少 65 岁。借此立法,雇主获得了很大的决策自主权,可以改变职场已经达到强制退休年龄的雇员的雇佣条款。政府声明,如果能保留超出传统强制退休年龄(60岁)的雇员,作为交换,雇主可以改变雇员的工资、受雇身份、工作日程、工作内容,甚至工作场所(通过雇主网络内的调动)。为了改变雇佣条款,雇主们通常会终止已经达到强制退休年龄的雇员的工作,然后重新雇用他们到一些临时岗位或者兼职岗位,他们的工资和补贴都会大幅降低(Ono 2007)。换言之,日本的雇主通过将雇员的身份从"正式雇员"(核心劳动力)变成"非正式雇员"(边缘劳动力),来继续雇用那些 60 岁及以上年龄的雇员。

在过去这些年里,"五年空档期"使日本的劳动力中出现越来越多的在强制退休后继续劳动的雇员(厚生劳动省,2012)。这一类劳动者指的是那些因达到职场强制退休年龄标准(通常是 60 岁)而终止终身职业,继而被同一雇主重新雇用的人。因前述的政府和雇主之间的相互作用,一般强制退休后的劳动者不会是正式雇员。和正式雇员不同,非正式雇员通常是兼职、固定期限或者两种雇佣条件兼而有之。这种结构状况继而产生了一些不利的影响:它直接促成了结构性年龄障碍,极大地限制了劳动者在 60 岁后继续以正式雇员身份——终生雇佣制的核心劳动力——工作的机会和资源(Higo and Yamada 2009)。

在各个行业,强制退休后的劳动者都有可能会无法享受到终身雇佣机构的很多福利待遇,即使他们仍在工作了一辈子的组织内继续工作(Yamada and Higo 2011)。他们往往会被排除在制度框架之外,最明显的是他们遭遇了巨大的降级。工作条件方面,包括经济赔偿和组织角色等,都被无条件降低,而不会被重新雇用到退休前相同的工作职位或者拥有相同的工作条件,更不会获得升职(Yamada and Higo 2011)。雇主可能会自行决定降低强制退休后的劳动者的工资和其他补偿,以此作为一种人力资源管理的工具,促使他们"主动"离开机构(Yamada 2012)。即使在自己工作了一辈子的机构之外寻求就业机会,强制退休后的劳动者往往会遭遇社会的羞辱,被嫌太老而无法保证工作效率。这种社会羞辱经常会导致年老的求职者自尊心受挫,从而不愿意在强制退休后寻找工作(Yamada and Higo 2011)。

未　来

一些研究者提议,在过去20年中,作为日本战后劳动力市场的一种制度特征,终身雇佣已经日渐减少。一些雇主开始停用终身雇佣制度所特有的人力资源管理方法。例如,最近一些年,越来越多的雇主,包括大型机构,开始用绩效工资取代资历制度(Kato 2001;Ono 2007)。整个国家劳动力终身雇佣的规模总体来说似乎也在缩减。在过去十年间,正式雇员——机构的核心劳动力——在日本劳动力中所占的比例也在稳步显著下降。然而，强制退休一直是，可能未来也将仍然是这个国家劳动市场的一个主要特征。实际上，强制退休的公司政策不仅在日本的多数职场被保留至今，而且在过去的十年中，该政策的执行比以往更为广泛。在日本，声称执行强制退休政策的雇主在过去十年间稳步增长。1999 年，日本的大多数雇主（约 90.2%）声称他们在自己的工作场所施行强制退休政策。到 2003 年，大约 92.2% 的雇主声称他们执行强制退休政策，到 2006 年和 2009 年的时候，这个数字分别增长到 94.4% 和 95.3%（厚生劳动省，2012）。

尽管雇主坚持强制退休的做法，但政府近来扩大了对国家老龄化劳动力市场的行政干预范围。从 2006 年起，政府开始一系列的全国性运动，致力于鼓励雇主继续雇用雇员到 70 岁（Higo and Yamada 2009）。例如，政府执行奖励计划，为那些允许职员工作到至少 70 岁的雇主提供补助。在这些计划中，政府公开那些得到政府承认、为国家劳动力快速老龄化作好充分准备的"模范雇主"的名字，借此来鼓励其他雇主仿效其做法（厚生劳动省，2010）。

强制退休仍将继续是日本劳动力市场的主要特征，而这一情况可能要一直持续到 21 世纪中叶。对于这个国家的公司雇员来说，该制度仍将是伴随他们职业生涯、影响到他们老龄化体验和社会经济福祉的强大制度结构。对于雇主来说，强制退休将是他们依据劳动力年龄对劳动力进行调整，继而在竞争日益激烈的全球经济中保持经济活力的重要手段。尽管公众对劳动力老化的问题日益关切，但政府需要谨慎行事，警惕提高强制退休年龄标准（更不用说废除强制退休）可能产生的不良影响。政府还必须格外关注近期发现难以找到合适工作的更年轻的劳动者。如果试图通过在劳动力市场保留年长的劳动者来解决预计发生的劳动力短缺问题，却不协助更年轻的劳动者参与劳动力市场，尤其是在坚持执行终身雇佣政策的职场，日本的决策者可能会面对权衡协调的困难（Williamson and Higo 2009）。

　　然而也要注意，在日本的劳动力市场，60 岁作为劳动者结构上成为"强制退休后"劳动力市场上的"非正式"雇员的门槛，已经是一种惯例。在进入"强制退休后"劳动力市场后，劳动者可能遭遇结构性排斥，不再受制度保护——制度保护可以使他们继续作为核心劳动力市场的生产性成员。换言之，"生产性老龄化"（productive ageing）在结构上受当代劳动力市场制约。"强制退休后"的工作生涯由公共政策和雇主共同建构，对于年龄达到60 岁的劳动者来说，这对他们个人的生产性老龄化构成了极大的结构性阻碍。随着终身雇佣劳动力在过去 20 年中减少，在未来 10 年中，强制退休后的劳动者数量预计会增长。政府需要扩展政策关注点，从增加公民老年职业生涯的"就业数量"（例如通过再就业来创造就业机会），扩展到也要提高"就业质量"。为了解决这个问题，政府和雇主都需要更多考虑劳动者强制退休后的工作满意度、工作匹配度和灵活工作选择。政府需要寻求方法来提高年长劳动者的技能、生产效率和就业能力，改善现有那些帮助老年求职者的公共政策。

退休问题的未来：日本之鉴

正如本书其他章节已经详细勾勒出的那样，韩国雇主就和日本雇主一样，采用合同约定强制退休制度，而此制度几乎涉及所有的劳动者。如图 10.4 所示，尽管两个国家中，大、中型企业的多数劳动者都面临着非自愿退休的情况，但在日本，合同强制退休更为广泛。和日本不同，韩国私营企业雇主可以自由决定退休年龄。很多雇主把退休年龄设置在 55 到 58 岁之间，但是有些雇主甚至把退休年龄降得更低，或者在一些情况下，把退休年龄提高。与日本一样，一些雇主要求雇员以"荣誉退休"的方式在未到法定退休年龄之前退休，这种现象很普遍。而且韩国雇主也和日本雇主一样，认为不管退休年龄进行怎样的重大改革，核心问题都是资历制度。

然而，韩国和日本之间有四个重要差异。第一，如上文所述，韩国的合同约定强制退休年龄设定低得多，而且韩国的雇主可以任意设置退休年龄。相反，日本政府立法规定合同约定强制退休年龄为 60 岁，这使得雇主只能选择用"荣誉退休"作为强迫劳动者在 60 岁前离开公司的手段。第二，韩国的年劳动时间要比日本长得多。2010 年，韩国人工作 2 193 个小时，是所有经合组织国家中劳动时间最长的，比经合组织国家平均值多出 400 小时。对比之下，日本人的劳动时间是 1 733 小时（韩国国际劳

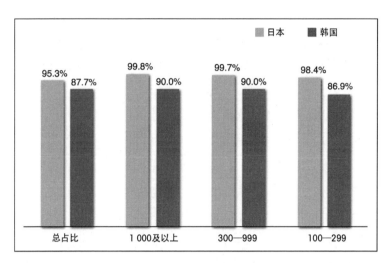

图 10.4　日本和韩国执行强制退休公司制度的雇主（按组织规模分列）

资料来源：厚生劳动省（2012）和韩国劳动研究院（2011）。

动基金会,2012）。韩国劳动时间更长的一个原因是面对年纪轻轻就要退休的现实,劳动者有充分的动力让自己的工作时长和收入最大化。

　　第三,日本政府几十年来一直鼓励雇主提供一些退休后的就业机会,近年来甚至规定雇主要这样做。反之,韩国在鼓励、资助和规定雇主提供一些退休后的就业机会方面举措寥寥。2006 年,韩国政府启用了一个新的资助计划以支持工资高峰制度。根据此计划以当雇主和工会同意削减 10% 以上的工资来保证劳动者就业能维持到 56 岁以上时,政府会补偿劳动者工资损失的一半(达到约每年 6 000 美元)。正如第一章所述,一些公司采用某种形式的工资高峰制度,但是绝大多数公司都不这么做。

第四，如第一章所述，韩国想要像日本在 1994 年那样立法规定最低退休年龄为 60 岁的话，压力巨大。韩国候任总统朴槿惠和执政党在 2012 年声称，他们的目标是把法定退休年龄设在 60 岁，同时施行工资高峰制度。相比之下，日本规定最低退休年龄为 60 岁，并且没有强迫降低劳动者的工资。

通过比较和对照两国，很显然韩国更像 20 年前的日本：法定退休年龄在 55 岁左右，同时面对提高法定退休年龄的压力。事实上，韩国很多决策者和观察家都清楚地看到日本在改革退休政策方面是个可以仿效的榜样。鉴于两国在人口和劳动力市场状况两方面的相似性以及合同强制退休的广泛性，我们将分析韩国决策者在退休政策改革方面可以从日本吸取的教训，作为本章和本书的结尾。

在退休政策改革方面，韩国可以考虑向日本学习五个方面的经验教训。第一，提高合同约定退休年龄到 60 岁，但不一定要采用工资高峰制度，尽管后者是雇主所希望的。正如本书其他章节中所指出的，虽然薪资政策和退休实践相互影响，但二者作为职场特征各自独立、互不相同。日本的经验表明，只要作好充分准备，雇主可以提高退休年龄而不必诉诸降低工资。其他章节已经指出（例如，见第三章），韩国的决策者经常要求大公司执行新的规章制度，而对小公司在执行规章制度方面会给予更多的时间。尽管如此，大量证据表明，韩国立法者没有必要把提高合同约定强制退休年龄到 60 岁和薪资计划捆绑在一起，尽管雇主希望如此。试图同时解决两个问题，很可能会使达成一项让劳资双方都能接受的解决方案变得更加复杂和困难。

　　第二，日本在提高和保持年长劳动者就业数量方面取得了成功，55 到 64 岁年龄段人群的劳动力参与率也比较高。然而，日本老年人的就业质量往往很差，尤其是 60 岁以上老年人。很多 60 岁以上年龄的雇员职业不稳定、工资低、职场地位低。这主要是因为雇主经常把 60 岁以上人群的就业看作是对国家的义务，而不是经营中必不可少的一部分。换言之，日本在创造数量可观的就业机会方面很成功，但是就业质量低。在推进韩国退休改革时，决策者一定要寻求办法来同时提高老年人工作的数量（提高劳动力参与率）和质量（避免就业条件降级）。无论在日本还是在韩国，一旦劳动者退休，其生活就会发生巨大变化，再就业很难使其恢复到先前的地位状态。尽管如此，两国的决策者还是可能希望考虑提高并持续提高合同约定强制退休年龄，而不是提供更多的退休后就业选择。

　　第三，日本 65 岁以上老人的劳动力参与率急剧下降。韩国 65 岁以上老人劳动力参与率也有所下降，但情况稍好一些，65 岁以上工作的老人比日本多。鉴于人口老龄化的水平、速度以及预计出现的劳动力短缺情况，日本和韩国都需要延长工作年限到 65 岁以上。实际上，在日本，这是官方国策。然而，如果韩国想要延长工作年限到 65 岁以上，那么就需要维持（如果不能提升）老年劳动者的经济保障。一个选择是不减少老人该享有的养老金的同时允许老人们去工作获得收入。

第四,本章和其他章节(见第二、第五和第六章)指出了东亚存在的性别不平等现象,包括韩国和日本在内。日本的生育高峰一代具有根据性别进行劳动力参与的典型特征(男性劳动力参与率非常高,而女性非常低)。更高的女性劳动力参与水平(包括老年妇女)对于缓解劳动力短缺和减少老年贫困非常关键。日本的经验表明,性别不平等问题很难解决,没有政策措施的协同,女性的参与率不可能快速增长。从这个意义上来说,日本树立了一个反面的典型,韩国的决策者可以吸取经验,向其他国家学习,例如法国、瑞典和丹麦。在这些国家,女性劳动力参与率一直在提高,在劳动力市场上,男女也相对平等。对于日本和韩国来说,鉴于两国的人口结构,女性地位和生育之间的联系非常重要。

第五,和其他多数发达国家一样,日本表明养老金和退休政策之间有密切联系。在快速老龄化的社会,退休和养老金之间的联系非常复杂(Yang and Klassen 2010)。然而,在养老金领取资格年龄和强制退休年龄之间制造时间差——这种情况在日本和韩国都存在——会给很多劳动者造成非常困难的处境,因为他们在合同强制退休后,很难找到有偿工作。鉴于日韩两国的养老金资格年龄都在提高,唯一符合逻辑的政策便是延长就业期限,至少可以和领取养老金的资格年龄相衔接。

我们的结论是,在退休政策方面,韩国没有充分的理由去盲目模仿日本的模式。日本的经验表明,一旦劳动者达到了合同强制退休年龄,就经常在职场被边缘化,在劳动力市场上也普遍如此,不管退休年龄几何。此外,日本的经验表明,雇主不会主动提高退休年龄,并且反对这样做的措施,而不考虑更多的社会外部因素。短期来说,韩国能从日本吸取的最大的教训是,可以在不采用工资高峰制的情况下,提高合同约定退休年龄到 60 岁。

参考文献

Aoki, M. (2001) *Toward a Comparative Institutional Analysis* (《走向制度对比分析》), Cambridge, MA: The MIT Press.

Coulmas, F. (2007) *Population Decline and Ageing in Japan: The Social Consequences* (《日本的人口下降与老龄化:社会后果》), New York, NY: Routledge.

Gordon, A. (1998) *The Wages of Affluence: Labor and Management in Postwar Japan* (《富裕的工资:战后日本劳动管理》), Cambridge, MA: Harvard University Press.

Higo, M. (2006) 'Aging Workforce in Japan: Three Policy Dilemmas' (《日本的老龄化劳动力:三个政策困境》), *Hallym International Journal of Aging* (《翰林国际老龄化杂志》), 8 (2): 149 – 173.

Higo, M. and Yamada, A. (2009) *Japan: Public Policy* (《日本:公共政策》). Sloan Center on Aging and Work at Boston College, Global Policy Brief No 2 (《全球政策简报第二期》). July 2009. http://agingandwork. bc. edu/ documents/GPB02_Japan_2009 – 07 – 02. pdf (accessed 12 March 2011).

Japan Institute for Labour Policy and Training（2009）*Labour Situation in Japan and Analysis 2008/2009*（《2008/2009 年日本劳动力现状分析》）, Tokyo, Japan: Japan Institute for Labour Policy and Training and Daitō Press.

Kato, T. （2001）'The End of Lifetime Employment in Japan? Evidence from National Surveys and Field Research'（《终生雇佣在日本已终结？来自全国调查和实地调查的证据》）, *Journal of the Japanese and International Economies*（《日本与国际经济杂志》）, 15(4): 489 - 514.

Korea Labor Foundation（2012）*Labor Situation in Korea 2012*（《2012 年韩国劳动力现状》）. Seoul: Korea Labour Foundation.

Korean Labor Institute（2011）*Survey of Human Capital Management for Older Workers*（《老年劳动者人力资本管理调查》）. Seoul: Korea Labour Institute.

Korean National Statistical Office （2010）*Life Tables*（《生命表》）. Korean Statistical Information Service. http://kosis. kr/eng/database/database_001000. jsp? listid = Z （accessed 12 January 2013）.

Korean National Statistical Office （2012）*Vital Statistics of Korea: Fertility Rates*（《韩国人口动态统计：生育率》）. Korean Statistical Information Service. http://kosis. kr/eng/database/database_001000. jsp? listid = Z （accessed 12 January 2013）.

Lazear, E. P. （1979）'Why is there Mandatory Retirement?'（《为何存在强制退休?》）, *Journal of Political Economy*（《政治经济杂志》）, 87 (6): 1261 - 1284.

Ministry of Health, Labor, and Welfare （2005）*White paper on Ageing*

Society, *2004*(《2004 年老龄化社会白皮书》). Tokyo, Japan: Office of Government Public Relations.

Ministry of Health, Labor, and Welfare (2007) *White paper on Aging Society*, *2006*(《2006 年老龄化社会白皮书》). Tokyo, Japan: Office of Government Public Relations.

Ministry of Health, Labor, and Welfare (2010) *White paper on Aging Society*, *2009*(《2009 年老龄化社会白皮书》). Tokyo, Japan: Office of Government Public Relations.

Ministry of Health, Labor, and Welfare (2012) *White paper on Aging Society*, *2011*(《2011 年老龄化社会白皮书》). Tokyo, Japan: Office of Government Public Relations.

Mouer, R. and Kawanishi, H. (2005) *A Sociology of Work in Japan* (《日本劳动社会学》), Cambridge, UK: Cambridge University Press.

National Institute of Population and Social Security Research (2012) *Population Projections for Japan* (*January 2012*), *2011 to 2060*(《2011 年到 2060 年日本人口展望(2012 年 1 月)》). http://www. ipss. go. jp/site-ad/ index_english/esuikei/gh2401e. asp (accessed 13 November 2012).

Ono, H. (2007) *Lifetime Employment in Japan: Concepts and Measurements*(《日本的终身就业:概念和衡量》). SSE/EFI Working Paper Series in Economics No. 624, Stockholm School of Economics. http:// paa2007. princeton. edu/download. aspx? submissionId = 7223 (accessed 12 June 2012).

Organisation for Economic Co-operation and Development (OECD) (2004)*Ageing and Employment Policies: Japan*(《日本的老龄化与就业政

策》)，Paris，France：OECD Publishing.

Organisation for Economic Co-operation and Development（2007）*Pensions at a Glance 2007*(《2007 年养老金概览》)，Paris，France：OECD Publishing.

Organisation for Economic Co-operation and Development（2012）*OECD StatExtracts— LFS by Sex and Age*(《经合组织国家数据摘录：按性别和年龄分类的劳动力调查》)，http://stats. oecd. org/index. aspx（accessed 12 December 2012）.

United Nations（2012）*World Population，the 2010 Revision*(《世界人口，2010 年修订版》). http://esa. un. org/wpp/unpp/ panel _ population. htm（accessed 22 December 2012）.

Williamson，J. B. and Higo，M. （2007）*Why Do Japanese Older Workers Remain in the Labor Force So Long?*（《为什么日本老年劳动者劳动这么久?》)，Working Paper at Center for Retirement Research at Boston College. （No. 2007 - 11）. Chestnut Hill，MA. http://crr. bc. edu/ images/stories/Working _ Papers/wp _ 2007 - 11. pdf （accessed 5 March 2012）.

Williamson，J. B. and Higo，M. （2009）'Why Japanese Workers Remain in the Labor Force So Long：Lessons for the United States?'（《为什么日本劳动者劳动这么久：给联合国的启示?》)，*Journal of Cross-Cultural Gerontology*(《跨文化老年病学刊》)，24(4)：321 - 337.

Yamada，A. （2012）'The Linkage between Employment and Old-age Pension'（《就业与养老金的联系》)，*Keio Journal of Economics*(《庆应经济杂志》)，104(4)：81 - 99.

Yamada, A. and Higo, M. (2011) 'Institutional Barriers to Work beyond Retirement: Evidence from a Recent Japanese Employee Survey' (《退休后工作的制度障碍：来自最近日本雇员调查的证据》), *Contemporary Japan*(《当代日本》), 23(2): 157 – 186.

Yang, J. -J. and Klassen, T. R. (eds.) (2010) *Retirement, Work and Pensions in Ageing Korea*(《老龄化韩国的退休、工作和养老金》), Abingdon: Routledge.